新时代新理念职业教育教材·铁道运输类
行业紧缺人才、关键岗位从业人员培训教材

铁路机车车辆及牵引供电

主编　张　文　韩　磊　孙志辉

北京交通大学出版社
·北京·

内 容 简 介

本书由高校教师和铁路企业专家根据《职业教育专业简介》（2022 年修订）和《高等职业学校专业教学标准》进行编写，体现最新教改精神，符合职业教育教学要求。本书按 3 篇（铁道车辆、铁道机车、牵引供电）11 个项目（车辆基本知识，车辆车体，车钩及缓冲装置，车辆转向架，内燃机车，电力机车，动车组，机车、动车组运用与检修，牵引供电系统，牵引变电所，接触网）进行知识和技能的介绍。

本书体系完整、精练实用、图文并茂，适合作为高等职业院校、中等职业学校、技工学校铁道运输类专业的教材和铁路企业职工培训教材，还可供铁路相关专业技术人员参考。

图书在版编目（CIP）数据

铁路机车车辆及牵引供电 / 张文主编. —北京：北京交通大学出版社，2023. 1
ISBN 978 - 7 - 5121 - 4854 - 3

Ⅰ. ①铁…　Ⅱ. ①张…　Ⅲ. ①机车车辆-高等职业教育-教材②电气化铁道-牵引供电系统-高等职业教育-教材　Ⅳ. ①U26②U223. 6

中国版本图书馆 CIP 数据核字（2022）第 246492 号

铁路机车车辆及牵引供电
TIELU JICHE CHELIANG JI QIANYIN GONGDIAN

策划编辑：刘　辉　　责任编辑：刘　辉
出版发行：北京交通大学出版社　　电话：010-51686414　　http：//www. bjtup. com. cn
地　　址：北京市海淀区高梁桥斜街 44 号　　邮编：100044
印 刷 者：艺堂印刷（天津）有限公司
经　　销：全国新华书店
开　　本：185 mm×260 mm　　印张：10. 75　　字数：267 千字
版 印 次：2023 年 1 月第 1 版　　2023 年 1 月第 1 次印刷
定　　价：49. 80 元

本书如有质量问题，请向北京交通大学出版社质监组反映。对您的意见和批评，我们表示欢迎和感谢。
投诉电话：010 - 51686043，51686008；传真：010 - 62225406；E-mail：press@ bjtu.edu.cn。

前言

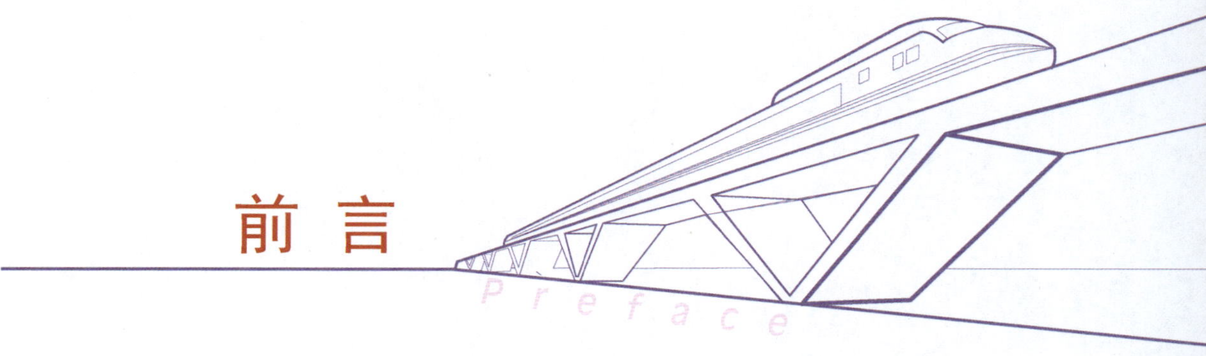

在国家大力发展职业教育，不断加强新时代高技能人才队伍建设的新形势下，我们总结多年教学经验，融合铁路企业一线岗位要求，根据教学需要，编写了本书。本书具有以下特点。

（1）体现最新教学标准。本书根据《职业教育专业简介》（2022 年修订）和《高等职业学校专业教学标准》进行编写，体现最新教改精神，是一本落实教学标准的贯标教材。

（2）符合职业教育要求。本书体系完整、内容精练，以工作岗位对职业能力的要求为纲，对知识和技能的阐述以"够用"为度，图文并茂，契合职业教育学生的认知特点。

（3）校企双元合作开发。本书由高校教师和铁路企业专家联合进行总体构思、框架设计和内容选择，是一本校企双元合作开发的教材。

本书分上篇铁道车辆、中篇铁道机车、下篇牵引供电。上篇铁道车辆包括 4 个项目：车辆基本知识，车辆车体，车钩及缓冲装置，车辆转向架；中篇铁道机车包括 4 个项目：内燃机车，电力机车，动车组，机车、动车组运用与检修；下篇牵引供电包括 3 个项目：牵引供电系统，牵引变电所，接触网。本书由张文、韩磊、孙志辉担任主编。由于编者水平有限，加上编写时间仓促，本书不足之处在所难免，恳请广大读者批评、指正。反馈意见，索取教学资源，可与出版社编辑刘辉联系（邮箱：hliu3@ bjtu.edu.cn；QQ：39116920）。

编　者

2023 年 1 月

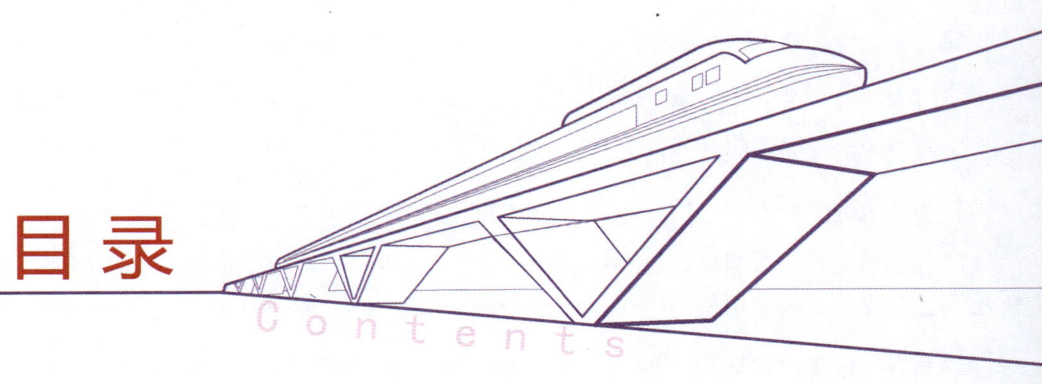

目录

Contents

上篇　铁道车辆

中篇　铁道机车

下篇　牵引供电

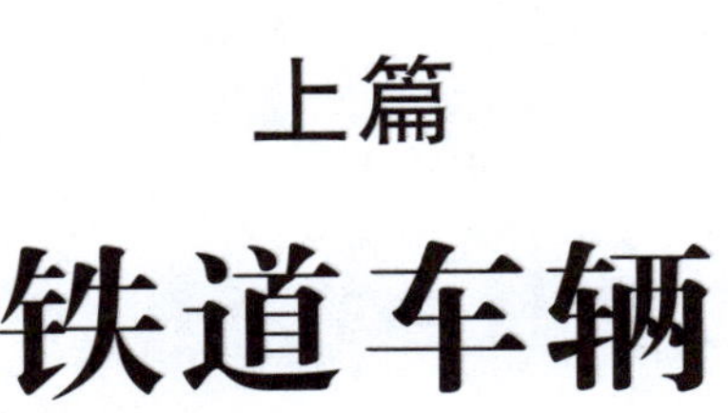

上篇

铁道车辆

项目1 车辆基本知识

车辆的发展历程

车辆新技术

车辆的分类

车辆标记、方位及尺寸

了解车辆的发展历程

熟悉车辆新技术

掌握车辆的分类

了解车辆标记、方位及尺寸

任务1.1 铁道车辆概述

1. 铁道车辆的组成及分类

1）车辆的组成

客车车辆的组成如图1-1所示。

货车车辆的组成如图1-2所示。

根据不同的运输需要，我国铁道车辆的种类较多，但不同种类的铁道车辆基本都由以下几个部分组成。

（1）车体。车体是容纳运输对象的空间，又是重要的安装与连接部件。车体结构大多数采用钢墙板与梁、柱结合为一体的全钢焊接结构，车体材料一般采用普通碳素钢和低合金钢两种材料。将图1-1与图1-2进行对比，就会发现客车车体与货车车体结构区别较大。

（2）转向架。转向架又称走行部，是能相对于车体回转的一种独立走行装置，安装在车体底架下方，实现车辆的承载和走行，是车辆的重要组成部分。客车转向架种类较多，结构各异，典型的转向架有中车青岛四方机车车辆股份有限公司生产的206系列、SW系列转

图 1-1 客车车辆的组成

图 1-2 货车车辆的组成

向架，中车南京浦镇车辆有限公司生产的 209 系列、PW 系列转向架等。货车转向架为传统三大件式转向架，有摇动台式转向架，如转 K4、转 K5 转向架；有交叉支撑式转向架，如转 K2、转 K6 转向架；还有 U 形副构架式转向架，如转 K7 转向架。

（3）制动装置。制动装置由制动机、风源系统、管路系统、基础制动装置与辅助阀件等部分组成，是一套完整机构的总称，是保证列车准确停车与安全运行必不可少的装置。传统的铁路车辆制动系统均采用自动式空气制动机，悬挂在车底架上。客车车辆常见的制动机类型有 104 制动机、F8 制动机、PM 制动机、LN 制动机等。基础制动装置悬挂在转向架上，根据车辆速度不同，基础制动装置又分为闸瓦制动装置与盘形制动装置。货车车辆常见的制动机类型有 103 制动机、120 制动机等，货车车辆均采用闸瓦基础制动装置。

（4）车钩缓冲装置。车钩缓冲装置安装在车底架上，是实现车辆之间的连接、牵引及缓冲的结构。传统的铁路车辆采用的均为非刚性的自动车钩，可起到连挂、牵引、缓冲的作用，常见的客车车钩为 15 号车钩，属于下作用式车钩装置，配备 G1 等类型缓冲器。常见的货车车钩有 13A、16、17 号车钩等，其中 16、17 号车钩配备在重载货车上。

（5）车内设备。车内设备是指设于车体内部，能实现更好运输条件的固定附属设施，如座椅、空调、取暖设施、通风设施、给水设施等。由于客车车辆类型不同，车内设备种类也不同。货车车辆的车内设备较为简单，例如保温冷藏车内的空调装置、平车上的货物固定装置等。

2）客车车辆的分类

（1）按运营类型划分。

① 高速客车：新建设计开行 250 km/h（含预留）及以上动车组列车、初期运营速度不小于 200 km/h 的客车车辆。

② 准高速客车：运行技术速度为 160~200 km/h 的客车车辆。

③ 普通客车：运行速度小于 160 km/h 的客车车辆。

④ 城市轨道交通车辆：在城市中或城际运行的短途车辆，如轻轨、地铁、低地板车辆等。

（2）按车辆用途划分。

① 运输旅客车辆。运输旅客车辆是客车车辆中数量最多的种类，又可分为硬座车、软

座车、硬卧车、软卧车、双层客车等。

硬座车供旅客乘坐使用，是设有硬席座椅设备的座车，是旅客列车中的主要类型，每节车厢可容纳的旅客人数较多。我国新造的硬座车座席定员为 118 人（带有办公席的硬座车定员 112 人）。硬座车座位的靠背为高回弹聚氨酯材料，相对的两组座椅中心距离在 1 800 mm以下。硬座车如图 1-3 所示。

图 1-3 硬座车

软座车的基本作用与硬座车相同，也是供旅客乘坐使用。软座车内的主要设备虽然还是座席，但座垫和靠背均有弹簧装置，座椅间距离较大，相对的两组座椅中心距离在 1 800 mm以上。软座车座席定员为 80 人左右，车内装饰比硬座车考究，舒适性较高。软座车如图 1-4 所示。

图 1-4 软座车

硬卧车供长途旅客乘坐及睡眠使用。目前，在长途旅客列车中，它是仅次于硬座车的主要车型。硬卧车车内的主要设备是硬席卧铺，硬卧车一般定员为 66 人，车内分成若干个敞

开式的隔间，每个隔间内设有上、中、下3层，共6个铺位，少数硬卧车像软卧车那样设计成包间式。

硬卧车如图1–5所示。

软卧车的基本作用与硬卧车相同，也是供长途旅客乘坐及睡眠使用。软卧车编挂在长途旅客列车中，车内主要设备是软席卧铺，卧铺垫有弹簧装置。软卧车设计成包间式，一般定员为36人，每个包间定员不超过4人，分上、下两层。

软卧车如图1–6所示。

图1–5　硬卧车

图1–6　软卧车

双层车为设有上、下两层客室的座车或卧车。

双层车如图1–7所示。

② 服务旅客车辆。为旅客服务的车辆一般分为餐车、行李车、邮政车等，编挂在旅客列车中。

餐车如图1–8所示。

图1–7　双层车

图1–8　餐车

行李车如图1–9所示。

邮政车如图1–10所示。

③ 特殊用途车辆。特殊用途车辆是指具有某些特定用途的专用车辆，如轨道检测车、公务车，等等。

图 1-9　行李车

图 1-10　邮政车

轨道检测车局部如图 1-11 所示。

图 1-12 为轨道检测车在工作。

图 1-11　轨道检测车局部

图 1-12　轨道检测车在工作

轨道检测车外观如图 1-13 所示。

3）货车车辆的分类

铁路货车是用于运输货物、为运输货物服务，以及原则上编组在货物列车中使用的车辆。铁路货车按其用途分为通用货车、专用货车和特种货车三类。

（1）通用货车。通用货车的特点是能够装运各种不同类型的货物，主要分为以下几种类型。

① 敞车。敞车不设车顶，用于运输各种无须严格防止湿损的货物。通常其端墙和侧墙的高度在0.8m以上，故又称高边车。敞车主要用于装运散装粒状货物（如煤炭、矿石、砂石等）、木材、钢材等，也可装运质量、体积均不太大的机械设备。若加盖防雨篷布，敞车便可装运怕风吹雨淋的货物。敞车约占铁路货车总数的56%。敞车如图1-14所示。

图1-13 轨道检测车外观

图1-14 敞车

② 棚车。设有车顶和门、窗，可防止雨水进入，供运输各种防止湿损、日晒或散失的货物的车辆称为棚车。棚车主要用于运送粮食、化肥、纺织品、仪器等。棚车设有简单的车内设备，必要时可用来运输人员或动物。棚车如图1-15所示。

③ 平车。平车的底架承载面为一平面，通常两侧设有柱插，有时还设有可向下翻倒的端墙和侧墙。平车主要用于装运木材、钢材、汽车、拖拉机、机械设备及军用装备等较大的货物。平车如图1-16所示。

图1-15 棚车

图1-16 平车

（2）专用货车。专用货车是专供装运某些限定种类货物的货车，主要分为以下几种类型。

① 罐车。设有罐体，供运输液体、液化气体或粉状货物等的车辆称为罐车。罐车根据运送货物的不同可分为轻油罐车、黏油罐车、酸碱类罐车、液化气体罐车和粉状货物罐车五类。罐车按卸货方式可分为上卸式罐车、下卸式罐车等。罐车如图 1-17 所示。

② 集装箱车。底架承载面与平车相同但无地板，设有固定集装箱的设备，专供运输集装箱的车辆称为集装箱车。采用集装箱车运输可大幅度提高装卸车效率，加速车辆周转。集装箱车如图 1-18 所示。

图 1-17　罐车

图 1-18　集装箱车

③ 保温车。保温车车体设有隔热层，能减少车内外的热交换，常用于运输易腐或对温度有特殊要求的货物。根据制冷及保温方式的不同，保温车有加冰冷藏车（冰保车）和机械冷藏车（机保车）之分。保温车如图 1-19 所示。

④ 矿石车。用于运输矿石的车辆称为矿石车。矿石车的车体有固定的侧端墙和卸货用的特殊车门（如底开门）。矿石车如图 1-20 所示。

图 1-19　保温车

图 1-20　矿石车

⑤ 长大货物车。用于运输特大或特长货物的车辆称为长大货物车，如凹底平车、落下孔车、双支撑车、钳夹车，以及载重在 90 t 及以上、车长在 19 m 以上的平车等。长大货物车如图 1-21 所示。

⑥ 家畜车。设有运输活家畜（家禽）设备的车辆称为家畜车，主要用于运输活牛、活猪、活羊等活家畜（家禽）。家畜车车体内还设有押运人员乘坐间。家畜车如图 1-22 所示。

图 1-21　长大货物车

图 1-22　家畜车

⑦ 水泥车。水泥车用于运输散装水泥。水泥车按卸货方式可分为上卸式水泥车和下卸式水泥车等；按罐体的结构分为立罐式水泥车和卧罐式水泥车。使用水泥车装运水泥可节约大量的包装材料和劳动力，降低生产成本。水泥车如图 1-23 所示。

图 1-23　水泥车

⑧ 毒品车。运输有毒物品（如农药等）的车辆称为毒品车。毒品车在车体两侧车门上涂打有“毒品专用车”和毒品标志，车体一般刷成黄色或刷有黄色色带。毒品车如图 1-24 所示。

⑨ 自动倾翻车。车体在绕轴向任一侧回转的过程中，侧门能自动打开卸货的车辆称为自动倾翻车。自动倾翻车按动力分为风动倾翻车和液压倾翻车等。自动倾翻车主要用于运送煤炭、矿石等，可大大提高卸车效率，减轻作业人员劳动强度。自动倾翻车如图 1-25 所示。

图 1-24　毒品车

图 1-25　自动倾翻车

（3）特种货车。具有特别用途或特殊结构的货车称为特种货车，主要分为以下几种类型。

① 救援车。救援车是用于排除线路障碍物及修复线路故障的车辆。一般在编成编组的救援列车中，包括起重吊车、修复线路材料车、工具车、救援人员食宿车等。救援车如图 1-26 所示。

② 检衡车。检衡车是设有砝码或其他相关操作设备，用于检定轨道衡（大型专用地秤）性能的车辆。检衡车如图 1-27 所示。

图 1-26　救援车

图 1-27　检衡车

③ 无缝钢轨运输车。无缝钢轨运输车用于运送、回收 250 m 的超长钢轨，一般由多种车辆组合而成。无缝钢轨运输车如图 1-28 所示。

④ 除雪车。除雪车主要用于扫除铁道上的积雪，其头部设有除雪板，尾部与机车连接。除雪车如图 1-29所示。

图 1-28　无缝钢轨运输车

图 1-29　除雪车

铁道客车是指载运旅客的车辆、为旅客提供服务的车辆及挂运在旅客列车中的其他用途车辆。铁路上用于运载货物的车辆统称为铁道货车。

2. 铁道车辆的发展历程

1）新中国成立前我国铁道车辆的发展

我国铁道机车车辆的发展历程可追溯到 1881 年，当年中国第一台蒸汽机车——“龙号”机车诞生在中车唐山机车车辆有限公司的前身——胥各庄修车厂。该厂陆续制造了中国第一辆货车、第一辆客车、第一辆铁路邮政车、第一辆钢质外皮餐车、第一台“米卡度”式大型机车、第一台“太平洋”式先进干线机车，以及京张铁路系列机车车辆等主打产品，成为中国民族工业的一面旗帜。

新中国成立前，铁道线上行驶的是“万国牌”机车车辆，铁道机车车辆工业基础非常薄弱，只能修理或组装机车车辆，完全不具备自主设计及制造机车车辆的能力。

2）第一代主型客货车辆

21 型客车是中国铁路第一代主型客车，1953 年开始生产，1961 年停止生产。其车长 21.97 m，车宽 3.00 m，构造速度 80~100 km/h。21 型客车如图 1-30 所示。

敞车是铁路货物运输中的主型车辆，在我国目前的货车总数中，敞车数量最多，约占 60%。敞车有非常广泛的用途，可以用来运载木材、集装箱、钢材和矿石等多种货物。敞车属于通用型的货车。敞车在我国简写为“C”（取敞车汉语拼音 changche 的首字母）。

20 世纪五六十年代，我国设计了 C_1 型敞车，其载重为 30 t，现已退役。C_1 型敞车如图 1-31所示。

图 1-30　21 型客车

图 1-31　C_1 型敞车

棚车是设有顶棚、侧墙、端墙、排气（水）窗（孔）及门的货车。棚车用来运载怕湿、怕晒，以及容易散失的货物，属于通用型的货车。棚车在我国简写为“P”（取棚车汉语拼音 pengche 的首字母）。

P_3 型通用棚车是中华人民共和国成立初期的车型，已经退役多年，曾经是棚车中的主力。该车型结构简单且落后，侧墙和端墙基本都是由木板组成，容积小，载重量也小。P_3 型通用棚车如图 1-32 所示。

罐车车体为卧式的圆柱体罐体（有的是立式的非圆柱体罐体），并装有安全装置，专门装载液态的货物，如石油制品、食用油、化学液体等。罐车在我国简写为“G”（取罐车汉语拼音 guanche 的首字母）。

G_6 型轻油罐车是我国早期自行研制的罐车，载重 50 t，早已退役，其样车现展示在北京铁道博物馆内。G_6 型轻油罐车如图 1-33 所示。

图 1-32　P_3 型通用棚车

图 1-33　G_6 型轻油罐车

3）第二代主型客货车辆

22 型客车是中国铁路第二代主型客车，它有一个通俗的名字——“绿皮车”，于 1959 年开始生产，1994 年停止生产。22 型客车车体长 23.6 m，车宽 3.105 m，构造速度为 120 km/h。22 型客车外观如图 1-34 所示，22 型客车内饰如图 1-35 所示。

图 1-34　22 型客车外观

图 1-35　22 型客车内饰

22A 型客车是中车长春轨道客车股份有限公司生产的，车体结构广泛采用耐候钢，并在车厢平面布置上和内饰上进行了较大改进，该车型曾获得国家优质奖。22A 型客车如图 1-36 所示。

图 1-36　22A 型客车

24 型客车是 20 世纪 80 年代由德意志民主共和国制造的。其车体结构沿用了社会主义阵营国家标准国际联运列车的客车尺寸，采用 211 型转向架。当时，用于广深铁路的 24 型客车列车组称为 RW24 型客车，如图 1-37 所示。

C_{62}型通用敞车在过去很长的一段时间内是我国货运车辆的主力。在敞车系列中，C_{62}型通用敞车及其系列敞车的数量一度是最庞大的。随着 C_{64}型通用敞车的诞生，C_{62}型通用敞车的主力位置已经被取代，并处于被逐渐淘汰的过程中。C_{62}型通用敞车如图 1-38 所示。

图 1-37　RW24 型客车

图 1-38　C_{62}型通用敞车

C_{64}型通用敞车是中车齐齐哈尔车辆有限公司于 1986 年设计的，该型号是新一代 C_{64}型系列敞车的基本型，之后在此基础上还陆续开发了许多派生车型。C_{64}型通用敞车如图 1-39 所示。

图 1-39　C_{64}型通用敞车

P_{62}型通用棚车曾是我国铁路货物运输的主力车型。直到 21 世纪初，其数量仍十分庞大。P_{62}型通用棚车有较长的生产历史，有众多的派生产品。P_{62}型通用棚车如图 1-40所示。

图 1-40 P_{62}型通用棚车

P_{64}型通用棚车是我国较新型的棚车，载重 60 t，相关厂家在其基础上还开发了多种派生车型。P_{64}型通用棚车逐渐代替了 P_{62}型通用棚车的主力位置。P_{64}型通用棚车如图 1-41 所示。

图 1-41 P_{64}型通用棚车

G_{11}型高腐蚀性化学物品罐车是一种专为石油化工产业而设计的专用罐车，主要用于运载盐酸、液碱和硫酸等高腐蚀性化学物品，载重 62 t。G_{11}型高腐蚀性化学物品罐车如图 1-42 所示。

图 1-42 G_{11}型高腐蚀性化学物品罐车

G_{17}型黏油罐车是装运原油、润滑油、重柴油等黏油类介质，带加温装置的上装下卸式四轴铁路罐车。G_{17}型黏油罐车如图 1-43 所示。

图 1-43　G_{17}型黏油罐车

G_{60}型轻油罐车是一种专为石油化工产业设计的罐车，是中国罐车运输中的主力车型，其数量庞大，载重 52 t。G_{60}型轻油罐车如图 1-44 所示。

图 1-44　G_{60}型轻油罐车

4）第三代主型客货车辆

25 型客车是中国铁路第三代主型客车，车长为 25.5 m，是中国第一代车长为 25.5 m 的铁路客车。其于 1962 年开始研制，1978 年设计了车体长为 25.5 m、车辆轴距为 18 m 的新结构四轴全钢客车，可以说，25 型客车是在十一届三中全会后加快研制与生产的。

25A 型客车是通过国际招标后一次性生产的集中供电空调客车，是我国与英国、日本的公司合作试制的。25A 型客车一共生产了 168 辆，也称“168”客车。这批客车限定在北京以南的区间运行，其构造速度为 140 km/h。25A 型客车如图 1-45 所示。

图 1-45　25A 型客车

25B 型客车是 25A 型客车的升级换代产品，其颜色涂装与 22 型客车一样，除软卧车、餐车安装本车柴油发电机向空调供电外，其余车种无空调。25B 型硬座客车如图 1-46 所示，25B 型双层硬卧客车如图 1-47 所示。

图 1-46　25B 型硬座客车

图 1-47　25B 型双层硬卧客车

25G 型客车是集中供电空调客车，是 25A 型空调客车国产化改进型，其技术条件与 25A 型相同，但降低了生产成本。25G 型客车的构造速度为 140 km/h，最大允许速度是 120 km/h。25G 型客车如图 1-48 所示。

图 1-48　25G 型客车

25Z 型准高速客车是为广深准高速铁路线而研制的，设计速度为 160 km/h，最高试验速度达 183 km/h。25Z 型准高速客车是中国铁路第一代准高速客车，主要作为中短途城际特快列车使用。25Z 型硬座客车如图 1-49 所示，25Z 型双层客车如图 1-50 所示。

图 1-49　25Z 型硬座客车

图 1-50　25Z 型双层客车

25K 型客车为中国铁路在第一次大提速时开始开行的特快列车车型，是在借鉴 25Z 型准高速客车研制经验的基础上设计的。25K 型客车如图 1-51 所示。

图 1-51　25K 型客车

25T 型客车为中国铁路在第五次大提速时开始开行的直达特快列车车型，是 25K 型客车的后续型号，其最高运营速度为 160 km/h。25T 型客车外观如图 1-52 所示，25T 型客车内饰如图 1-53 所示。

图 1-52　25T 型客车外观

图 1-53　25T 型客车内饰

C_{100}型通用敞车突破了传统的两支点承载货车技术，采用了 3 个两轴转向架等距离承载的三支点承载方式。在轴重与我国传统通用敞车相同的条件下，通过增加轴数提高了车辆载重，可在不改造我国既有线路和桥梁的条件下实现重载运输，符合铁路重载需求，达到了良好的运输扩能效果，实现了良好的经济效益。C_{100}型通用敞车如图 1-54 所示。

图 1-54　C_{100}型通用敞车

P_{80}型棚车是由中车齐齐哈尔车辆有限公司等单位于2014年开始研制、生产的23 t轴重大容积棚车，最高速度为120 km/h。P_{80}型棚车如图1-55所示。

图1-55　P_{80}型棚车

G_{70K}型轻油罐车是为适应铁路货物运输车辆的发展和货运提速的要求而研制、生产的新一代无中梁罐车，采用了新型的提速转向架。G_{70K}型轻油罐车如图1-56所示。

图1-56　G_{70K}型轻油罐车

5）重载货运车辆

国际重载协会认为，重载铁路必须满足以下三条标准中的至少两条：经常、定期开行或准备开行总重至少为8 000 t的单元列车或组合列车；在长度至少为150 km的线路区段上，年计费货运量至少达4 000万t；经常、正常开行或准备开行轴重27 t以上（含27 t）的列车。

大秦铁路是我国自行设计、修建的第一条双线电气化重载运煤专线，西起我国煤都大同，东至秦皇岛港，全长653 km。该线路最小曲线半径：困难地区400 m，一般地区800 m。大秦线一度每天开行重载列车86列，年完成煤炭运量3.4亿t，成为世界上在一条线路上（单方向）运量最多的铁路，堪称“世界之最”。

C_{80}型煤矿专用敞车是我国专门为大秦线（大同—秦皇岛）而设计、制造的专用敞车，也是为提高运量而设计的重载型货车。运行于大秦铁路的C_{80}型煤矿专用敞车如图1-57所示。

运行于大秦铁路的C_{100}型敞车为新型重载货车，前面已做过介绍。

图 1-57　运行于大秦铁路的 C_{80} 型煤矿专用敞车

3. 新时代的新车辆

2012 年党的十八大召开后，中国特色社会主义进入新时代，中国铁路取得了举世瞩目的伟大成就，铁道机车车辆行业实现了质的飞跃，以“复兴号”标准动车组、“复兴号”动力集中动车组为代表的一系列铁道机车车辆相继问世。铁道机车车辆的发展历程无疑是中华民族伟大成就的一个具体缩影，这份成就凝结了无数铁路人的艰辛和汗水，也凝聚了无数铁路人的智慧和激情。

1） 高速铁路

国家铁路局将高速铁路定义为：新建设计开行 250 km/h（含预留）及以上动车组列车、初期运营速度不小于 200 km/h 的客运专线铁路。

中国通过引进加创新，研制了 CRH 系列动车组，后来又研制了 CR 系列中国标准动车组。2018 年中国高铁运营里程超过 2.9 万 km。

自 2008 年 8 月 1 日中国第一条 350 km/h 的高速铁路——京津城际铁路开通运营以来，高速铁路在中国迅猛发展。按照国家中长期铁路网规划，以“八纵八横”快速客运网为主骨架的高速铁路网建设已经全面展开，建成了京津、沪宁、京沪、京广、哈大等一批设计时速 350 km、具有世界先进水平的高速铁路，形成了比较完善的高铁技术体系。通过引进、消化、吸收、再创新，我国系统掌握了时速 200~250 km 动车组的制造技术，成功搭建了时速 350 km 的动车组技术平台，研制生产了 CRH380 型新一代高速列车。

CRH380 系列动车组如图 1-58 所示。

图 1-58　CRH380 系列动车组

中国标准动车组（CEMU），是体现中国标准体系的动车组，其功能标准和配套轨道的施工标准都高于欧洲标准和日本标准，具有鲜明的中国特征。2016 年 8 月 15 日，中国标准动车组载客运行。

中国标准动车组——“复兴号”如图 1-59 所示。

图 1-59　中国标准动车组——“复兴号”

2）磁悬浮技术

磁悬浮列车是一种现代高科技轨道交通工具，它通过电磁力实现列车与轨道之间无接触的悬浮和导向，再利用直线电机产生的电磁力牵引列车运行。

2017 年 12 月 30 日，由北京控股磁悬浮技术发展有限公司和国防科技大学合作的中低速磁悬浮列车，在通往门头沟的 S1 轨道线路上运行，这是中国具有完全自主知识产权的磁悬浮列车。磁悬浮列车如图 1-60 所示。

图 1-60　磁悬浮列车

2014 年 5 月 16 日，长沙中低速磁悬浮铁路动工，此线路连接了长沙火车南站和长沙黄花国际机场，全长 18.5 km。长沙磁悬浮快线是中国首条拥有自主知识产权的中低速磁悬浮商业运营铁路，标志着中国磁悬浮技术实现了从研发到应用的全覆盖，成为世界上少数几个掌握该项技术的国家之一。

根据《增强制造业核心竞争力三年行动计划（2018—2020 年）》，国家发改委制定了我国轨道装备产业发展的目标，其中，时速 600 km 高速磁悬浮列车研发试验工程是一大重点。该工程由行业龙头企业牵头、联合有关单位，开展时速 600 km 高速磁悬浮列车及关键装备的研发试验，力图突破高速磁悬浮列车及核心部件设计、制造技术，掌握调试、评估方法。

3）动力集中动车组

2015 年 8 月 28 日，中国铁路总公司运输局以会议纪要的形式下发通知，强调：为进一步发挥既有线旅客列车开行效益，提高运输效率，中国铁路总公司组织相关单位进行技术研

讨，按照机辆一体化的思路，研发时速 160 km 动车组。通知明确了该型动车组的动力方式、编组构成、运用范围和检修整备方式，要求各铁路局结合客运市场开发需要，研究测算时速 160 km 动力集中动车组组数（按照 18 辆和 9 辆分别测算），提出开行区段和对数的具体建议。

时速 160 km CR200J 型复兴号动力集中动车组（俗称“绿巨人”）于 2019 年 1 月 5 日在京沪普速线路上投入运营。

任务 1.2 铁道车辆标记、方位及尺寸

1. 铁道客车车辆的常见标记

为了便于铁道车辆的运用管理，在铁道车辆指定部位涂打的用于标明车辆的配属、用途、编号、主要参数、方向、位置等的文字、数字与代号称为车辆标记。车辆标记包括共同标记和特殊标记两类。共同标记包括车型车号标记、产权制造标记及性能标记。

《铁路技术管理规程》（普速铁路部分）规定，车辆应有识别的标记：路徽、车型、车号、制造厂名及日期、定期修理的日期及处所、自重、载重、容积、换长等；车辆应有车号自动识别标签；客车及固定配属的货车上应有所属局段的简称；客车还应有车种、定员、最高运行速度标记；罐车还应有容量计表标记；电气化区段运行的客车、机械冷藏车等应有“电化区段　严禁攀登”标记。

1）车型车号标记

车型车号标记由基本型号、辅助型号、车辆制造顺序号码三部分组成，简称“车号”。客车的车号涂打在车体两外侧墙板靠车门处，并在客车内部两内端门上方各安装 1 块带定员标识的车内车号牌。

车体外的车型车号标记如图 1-61 所示。车内车号牌如图 1-62 所示。

图 1-61　车体外的车型车号标记

图 1-62　车内车号牌

（1）基本型号。基本型号指代的是车辆的车种，用字母来表示。客车车辆基本型号如表 1-1 所示。

表 1-1　客车车辆基本型号

序号	车种	基本型号	序号	车种	基本型号
1	软座车	RZ	9	医疗车	YL
2	硬座车	YZ	10	卫生车	WS
3	软卧车	RW	11	文教车	WJ
4	硬卧车	YW	12	公务车	GW
5	行李车	XL	13	特种车	TZ
6	邮政车	UZ	14	试验车	SY
7	餐　车	CA	15	救援车	JY
8	发电车	KD	16	轨道检测车	DJ

图 1-63　辅助型号

（2）辅助型号。同一车种的车辆会存在不同的结构、材料或设施分布，为了区分这些不同的系列，将阿拉伯数字和字母进行组合作为下标，附在基本型号右侧，这些下标标记称为辅助型号，例如图 1-63 所示“RZ_{25T}”中的“25T”。

（3）车辆制造顺序号码。车辆制造顺序号码是按照预先规定的规则而编排的某一车种的制造顺序号码，用以区分同一类型的不同车辆，用阿拉伯数字表示，标记在辅助型号右侧，例如图 1-63 所示“RZ_{25T} 111055”中的“111055”。

2）产权制造标记

（1）国徽标记。参加国际联运的客车，在车体两侧外墙板中心必须安装国徽标记。国徽标记如图 1-64 所示。

（2）路徽标记。中国铁路总公司国铁集团所属的客车均应在车体两端外墙板上涂打路徽标记。路徽标记如 图 1-65 所示。

图 1-64　国徽标记

图 1-65　路徽标记

（3）制造厂铭牌。新造客车应在车体二位或三位脚蹬上安装金属的制造厂铭牌，其内容包括制造厂名与制造年份，式样由制造单位确定。制造厂铭牌如图 1-66 所示。

图 1-66　制造厂铭牌

（4）配属标记。配属给指定局、段和有关单位管理的客车车辆，应在车体两端外墙板左侧涂打配属单位的简称，例如图 1-67 中的“哈局三段”，指的是该车隶属于中国铁路哈尔滨局集团有限公司三棵树车辆段。

3）性能标记

客车的性能标记包括定员、自重、载重、全长、换长和容积（行李车、邮政车）等，多数性能标记涂打在客车车体端墙板左侧，如图 1-67 所示。

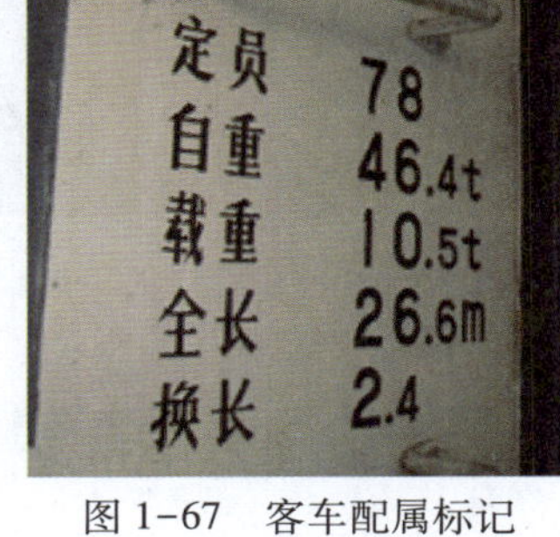

图 1-67　客车配属标记和性能标记

（1）定员标记。每辆车上允许乘坐的旅客人数，即定员。

（2）自重标记。在空车时，车辆自身具备的质量称为自重。自重以 t 为计量单位，保留一位小数。

（3）载重标记。车辆可装载的货物或旅客及行李包裹的质量，称为车辆的载重。载重以 t 为单位，保留一位小数。

（4）全长标记。全长指车辆在不受纵向外力影响时，当两端车钩闭锁时连接线间的距离。全长以 m 为单位，保留一位小数。

（5）换长标记。车辆长度除以 11 所得之值称为车辆的换长，它是车辆长度换算标记，保留一位小数。采用换长标记是为了简化计算列车的编组长度。

（6）容积标记。车辆内部可容纳货物的体积为车辆的容积，此标记只用于行李车与邮政车。其以 m^3 为单位，保留一位小数。涂打在载重标记下方。

（7）最高运行速度标记。在客车车体的 1、4 位侧梁上涂打该车的最高运行速度标记，如图 1-68 所示。一般最高运行速度离最高试验速度还有一定的余量，以保证行车安全。

图 1-68　最高运行速度标记

（8）“电化区段　严禁攀登”标记。为了保证电气化区段的作业安全，在电气化区段运行的客车，应有“电化区段　严禁攀登”的安全性标记，一般标记在车辆 1、4 位端部的登顶扶梯处。“电化区段　严禁攀登”标记如图 1-69 所示。

2. 铁道货车车辆的常见标记

货车车辆标记与客车车辆标记类似，由共同标记与特殊标记构成，其中共同标记由车型车号标记、产权制造标记、性能标记组成。本书只介绍其与客车车辆不同的标记内容。

1）车型车号标记

货车车辆应在车体两侧侧墙或活动墙板上涂打“大车号”，在车底架侧梁或侧墙下缘涂打“小车号”（车底架侧梁为鱼腹梁除外）。当车辆各处涂打的车型车号不一致时，以车辆 1 位侧梁上涂打的车型车号为准。货车车型车号标记如图 1-70 所示。

图 1-69　“电化区段　严禁攀登”标记

图 1-70　货车车型车号标记

（1）基本型号。货车车辆基本型号如表 1-2 所示。

表 1-2　货车车辆基本型号

序号	车种	基本型号	序号	车种	基本型号
1	敞车	C	8	长大货物车	D
2	棚车	P	9	毒品车	W
3	平车	N	10	家畜车	J
4	罐车	G	11	水泥车	U
5	保温车	B	12	粮食车	L
6	集装箱车	X	13	特种车	T
7	矿石车	K	14	守车	S

（2）辅助型号。同一车型系列的货车车辆会存在不同之处，例如，在载重、车体材料、内部特殊设施等方面会有所不同，这些特征用阿拉伯数字或大写字母表示，附在基本型号右下角，如图 1-71 所示“P_{64GK}”中的“64GK”。

（3）车辆制造顺序号码。图 1-71 所示“P_{64GK} 3461073”中的“3461073”即为车辆制造顺序号码。

2）产权制造标记

货车车辆的产权制造标记与客车车辆类似，在此不再赘述。

3）性能标记

货车车辆的性能标记包括载重、自重、容积、换长、冰重（加冰冷藏车）、整备重（发

电乘务车）等，涂打在车体两侧外墙板上。货车性能标记如图 1-72 所示。本书只对与客车车辆不同的标记内容做介绍。

图 1-71 货车辅助型号标记

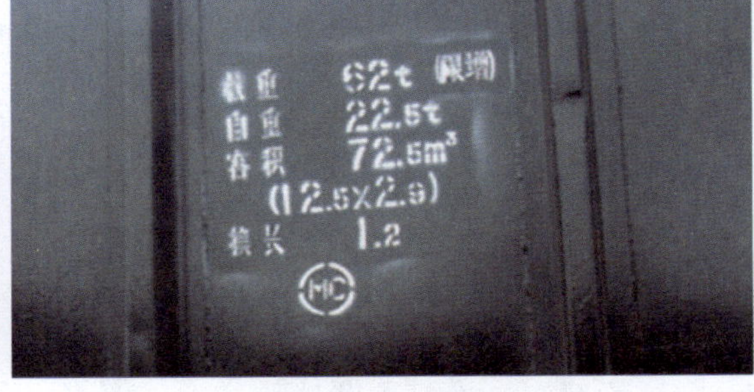

图 1-72 货车性能标记

（1）容积。容积标记下方需要附括号，在括号内列出长、宽、高标记，以 m^3 为计量单位，保留一位小数。敞车及煤车在括号内仅涂打长、宽标记；平车、砂石车、长大货物车不涂打容积标记，仅涂打长、宽标记；罐车在容积标记下方应涂打编号标记——“容量计表XB”（XB 表示新的容量计表），这是表示容量计算表的号码。除了规定的淘汰型罐车与路用水槽车外，罐车还应在有走板一端的端板上涂打容积计表标记。

（2）冰重。加冰冷藏车（冰冷车）要标明车内允许的装冰量，即冰重。冰重以 t 为计量单位，涂打在载重标记下方。

（3）整备重。在机械冷藏车组的发电乘务车等车辆中，为保证编组车辆的正常工作而必须配备的食品、燃料、水、工具等的质量之和称为整备重。整备重以 t 为计量单位，涂打在自重标记下方。

4）特殊标记

（1）集中载重标记。集中载重标记是标明货车车辆中部一定尺寸范围内允许承受装载质量的标记。载重大于或等于 60 t 的平车、长大货物车和需要标明集中载重的货车，应按照规定在车底架侧梁中部涂打集中载重标记。

（2）货车结构特点标记。货车结构特点标记如表 1-3 所示。

表 1-3 货车结构特点标记

标记	含义
[illegible]	具有拴马环或其他拴马装置的货车。该标记涂打在车体两侧性能标记的下方
(MC)	符合参加国际联运技术条件的货车。该标记涂打在车体两侧性能标记的下方
(卷)	在侧梁端部装有卷扬机挂钩的货车。该标记涂打在 1、4 位端部
(特)	允许运输特殊货物的货车。该标记涂打在车体两侧性能标记的下方
(人)	具有车窗、床托等设备，当必要时可运输人员的货车。该标记涂打在车体两侧性能标记的下方
(关)	当活动墙板及其他活动部分翻下时超过车辆限界的货车。该标记涂打在门内侧及侧梁中部
[illegible]	禁止通过机械化驼峰的货车。该标记涂打在车体两侧性能标记的下方
(超)	某部分结构超出车辆限界的货车。该标记涂打在明显位置

（3）运用特殊标记。在部分货车车辆上还涂打了各种运用特殊标记，如毒品车上应涂打“毒品专用车”字样，以及毒品标志，如图 1-73 所示。长大货物车上应涂打限速标记和限制曲线半径标记，如图 1-74 所示。

图 1-73　毒品车运用特殊标记

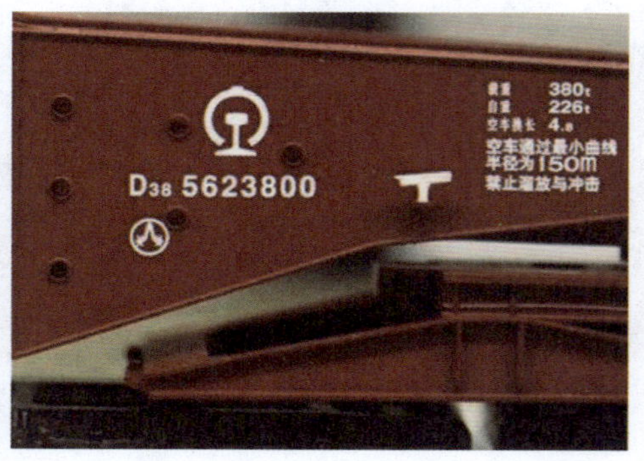

图 1-74　长大货物车运用特殊标记

3. 车辆方位

为了便于管理和检修，车辆的方向与配件位置有统一的确定方法。

1）车辆方向

当车辆位于平直线路时，沿轨道方向定为车辆纵向，垂直于轨道方向为车辆横向。车辆方向示例如图 1-75 所示。

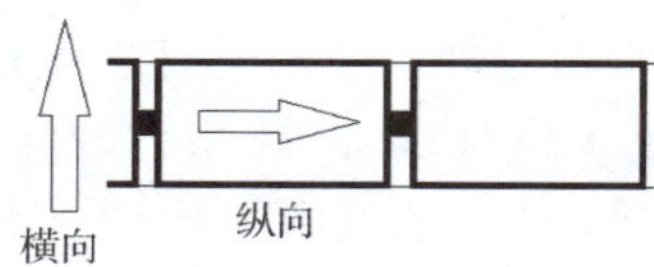

图 1-75　车辆方向示例

2）车辆方位

车辆方位示例如图 1-76 所示。车辆的方位规定：以制动缸活塞杆伸出的一端为 1 位端，与 1 位端相反的另一端为 2 位端。在 1 位端一般装有手制动机。对于有多个制动缸的情况（长大货物车），应以装有手制动机的一端为 1 位端；当车辆两端均装有手制动机时，由设计部门自行规定 1 位端的位置，以出厂时所涂打的标记为准。

车辆 1 位端示例如图 1-77 所示。

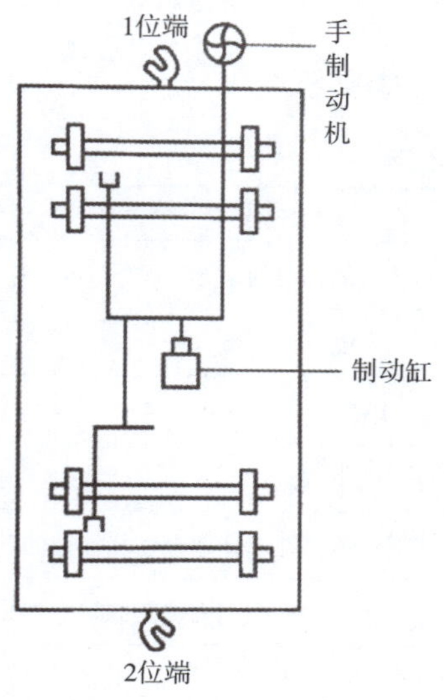

图 1-76　车辆方位示例

图 1-77　车辆 1 位端示例

3）车辆零部件方位

车辆上的车轴、车轮、轴箱、车钩、转向架、车底架各梁和其他部件的位置，如果是纵向排列的，由1位端起至2位端止，以自然数顺次标注；如果位置是左右对称的，则站在1位端，面向2位端，由1位端开始，从左到右以自然数顺次标注。车辆零部件方位示例如图1-78所示。

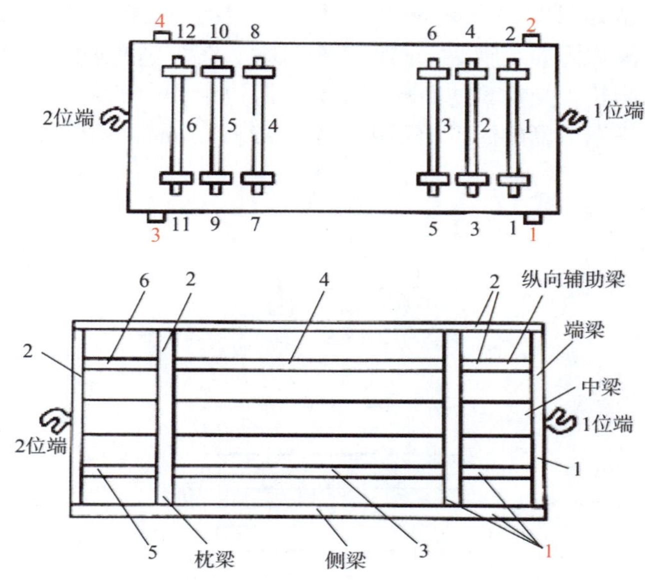

图1-78 车辆零部件方位示例

轴箱装置位置如图1-79所示。

图1-79 轴箱装置位置

4. 车辆基本尺寸

1）车辆的轴距与定距

当车辆运行在曲线上时，车体或转向架中心线与线路中心线不一致，这种不一致的程度越大，轮缘与钢轨之间的磨损越大。为了克服这种问题，除在线路铺设时限制曲线半径及设置外轨超高与轨距加宽外，在车辆制造上，对轮轴尺寸也要加以规定与限制。

（1）全轴距。全轴距如图1-80中的 B 所示。在一辆车中，最前位车轴和最后位车轴中心线间的水平距离称为全轴距。对于四轴车来说，全轴距不得小于17 000 mm。全轴距过小，会引起车体剧烈的点头振动，也容易引起脱轨或脱钩事故。

（2）车辆定距。车辆定距如图 1-80 中的 *C* 所示。车辆定距又称心盘中心距，是车辆心盘中心销（或牵引销）中心线之间的水平距离。车辆定距是车辆计算中不可缺少的技术参数，在设计车辆时，一般取车辆全长与车辆定距之比为 1.4 ∶ 1。铁路车辆定距一般为 18 000 mm，双层客车的车辆定距一般为 18 500 mm。

（3）固定轴距。固定轴距如图 1-80 中的 *D* 所示。同一转向架中最前位车轴和最后位车轴中心线间的水平距离称为固定轴距。固定轴距过大，在车辆通过曲线时，会导致外侧车轮挤压钢轨内侧面，加剧轮缘与钢轨的磨耗；固定轴距过小，会增大车辆的振动，导致乘坐舒适度下降。一般铁路货车车辆的固定轴距为 2 400~2 600 mm，铁路客车车辆的固定轴距为 2 400~2 700 mm。

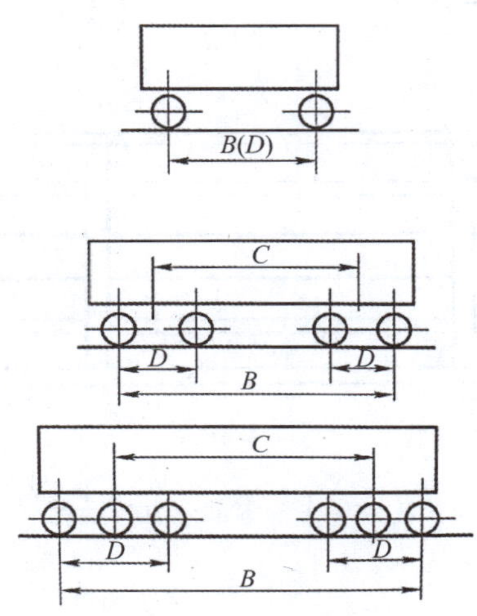

图 1-80　车辆的轴距与定距

2）车辆其他尺寸

（1）车体长度。车体长度指车体两端墙外表面的水平距离（非压筋处）。

（2）底架长度。底架长度指底架两端梁外表面间的水平距离。

（3）车体高度。车体高度指当空车时，车体上部外表面至钢轨水平面的垂直距离。

（4）车体宽度。车体宽度指车辆两侧墙的最外凸出部位之间的水平距离。

（5）最大宽度。最大宽度指车辆侧面的最外凸出部位与车体纵向中心线间的水平距离的 2 倍。

（6）最大高度。最大高度指当空车时，车辆上部最高部位至钢轨水平面的垂直距离。

（7）车钩中心线高。车钩中心线高指当空车时，车钩钩舌中心线至钢轨水平面的垂直距离。

（8）车体内部主要尺寸。

① 车体内长：车体两端墙板内表面间的水平距离。

② 车体内宽：车体两侧墙板内表面间的水平距离。

③ 车体内中心高：由地板上平面至车顶中央部位内表面间的垂直距离。

（9）地板面高度。地板面高度指当空车时，地板上表面至轨面的垂直距离。

项目 2　车辆车体

知识点

客车车体
货车车体

技能目标

掌握客车车体相关知识
掌握货车车体相关知识

任务 2.1 客车车体

车辆的设计、制造须贯彻先进、成熟、经济、适用和安全可靠的方针，遵循标准化、系列化、模块化和信息化的原则。为了增强与公路、水运和航空运输竞争的能力，铁路必须保持快速、安全、节能和环保的特点。

客车车辆需要提高运行速度，缩短旅行时间，改善乘车旅行的舒适度，保证行车安全，因此要制造自重轻、速度快和运行平稳的铁路客车。

1. 25T 型客车概况

2004 年 4 月 18 日我国铁路成功实施了第五次大提速。参加这次提速的主型客车为 25T 型客车。25T 型客车是根据 2003 年 12 月 27 日发布的《铁道部 2004 年第一次新型 160 km/h 速度级客车议标标书》进行设计制造的。其主要车型包括：YZ_{25T}型硬座车、YW_{25T}型硬卧车、CA_{25T}型餐车及 RW_{25T}型软卧车，“T”代表提速型，属 25K 型客车的后继版本。

25T 型客车分为普通型及青藏高原型两种。

25T 型客车普通型列车如图 2-1 所示。

1）主要技术特点

（1）可以满足以 160 km/h 速度持续运行 20 h 不停站的运行需要。

（2）一次库检作业满足 5 000 km 无须检修的要求。

图 2-1　25T 型客车普通型列车

（3）主要部件满足 200 万 km 内无须修换的要求。

（4）最高运营速度为 160 km/h，平直道紧急制动距离（当初速度为 160 km/h 时）不大于1 400 m。

（5）最大编组数 19 辆，采用了机车供电技术，实现了机车向客车供电，编组中取消了发电车。

（6）车底两侧设裙板以减小运行时的空气阻力，车体板梁柱间采取减振隔音密封措施。

（7）列车设有监控系统和可集中控制的信息系统。

2）主要技术参数

25T 型客车的主要技术参数见表 2-1。

表 2-1　25T 型客车的主要技术参数

项目	指标
轴重/t	≤15.5
客室内噪声	速度 140 km/h 时，≤68 dB（A）
运行平稳性指标	≤2.5
最高运营速度/（km/h）	160
通过最小曲线半径/m	145
车辆长度/mm	25 500
车辆定距/mm	18 000
车辆宽度/mm	3 104
车钩连接线间距离/mm	26 576
通过台渡板面距轨面高（当空车时）/mm	1 333

2. 25T 型客车车体结构

25T 型客车车体采用整体承载全钢焊接无中梁筒形结构，由端墙钢结构、侧墙钢结构、底架钢结构和车顶钢结构四大部分组成，车下设裙板。

车顶两侧设雨檐，1 位端车顶设置空调机组安装座，排水管，送、回风口；2 位端车顶安装水箱用盖板。

车体钢结构中板材及型材厚度不超过 6 mm 的采用镍铬系耐候钢；车顶空调机组座处平顶板、厕所、洗脸室地板、翻板脚蹬、调车脚蹬等易腐部位采用不锈钢板。

25T 型客车采用无木结构，并做了防寒、防腐、防火处理，提高了客车的安全性、通用性、互换性。

（1）车内骨架采用无木结构，螺钉连接，墙、顶板和间壁板的安装减少了明钉和压条的使用。

（2）车内防寒材料采用超细玻璃棉毡，并加铝箔，各接缝均用塑料胶带密封。

（3）各板、梁、柱之间均采取隔音减振措施，减小车辆在运行过程中发生的声响。

（4）客室、走廊墙板和顶板采用玻璃钢板，乘务员室、播音室、行车备品室墙板采用塑贴胶合板。车内间壁板、平顶板均采用塑贴胶合板。客室地板表面覆橡胶地板布（可采用分幅组焊形式），地板布厚度4 mm，具有良好的抗灼烧能力，各项性能均符合规定的技术条件，保证地板布黏结牢固，正常使用情况下，在一个厂修期内不出现鼓泡、开胶、褪色、破损等缺陷。

1）硬卧车

硬卧车两端设通过台；1位端设配电柜、乘务员室、一个厕所及小走廊；车体中部设11个半敞开硬卧间及侧走廊；2位端设敞开式三人洗脸室、电开水炉间、一个厕所及小走廊。

25T型空调硬卧车平面布置如图2-2所示。

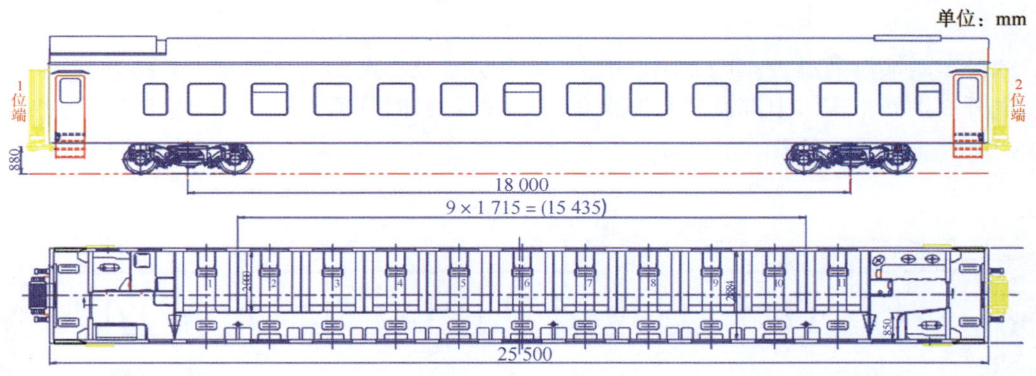

图2-2 25T型空调硬卧车平面布置

残疾人车中部设10个半敞开硬卧间及侧走廊；1位端设一个残疾人厕所、敞开式二人洗脸室、电开水炉间、洁具柜及小走廊。

25T型空调硬卧残疾人车平面布置如图2-3所示。

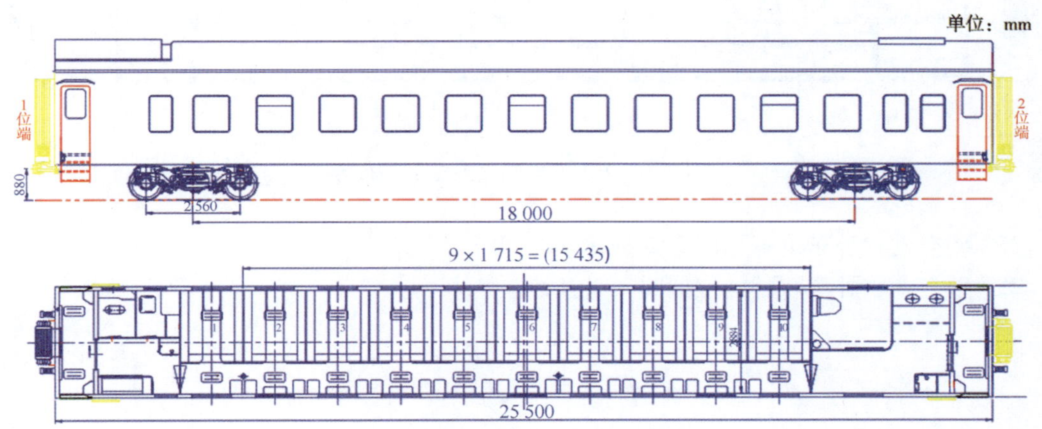

图2-3 25T型空调硬卧残疾人车平面布置

25T 型空调硬卧车走廊如图 2-4 所示。

25T 型空调硬卧车硬卧间如图 2-5 所示。

图 2-4　25T 型空调硬卧车走廊

图 2-5　25T 型空调硬卧车硬卧间

2）软卧车

软卧车两端设通过台；1 位端设厕所、乘务员室及小走廊，小走廊内设多功能电气控制柜、电开水炉间；车体中部设三人洗脸室、9 个软卧包间及侧走廊；2 位端设厕所及小走廊。

25T 型空调软卧车平面布置如图 2-6 所示。

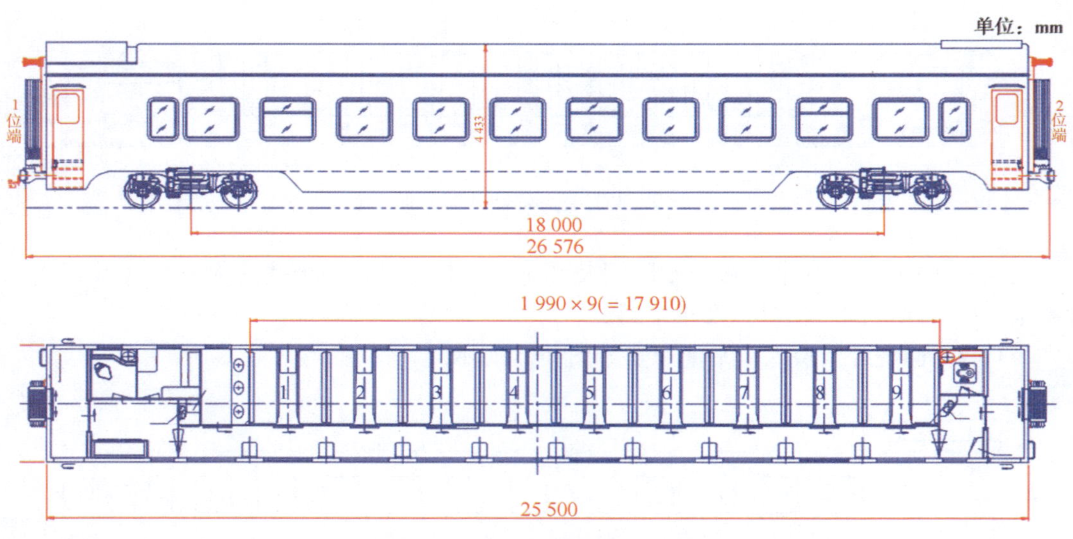

图 2-6　25T 型空调软卧车平面布置

25T 型空调软卧车走廊如图 2-7 所示。

25T 型空调软卧车软卧铺位如图 2-8 所示。

图 2-7　25T 型空调软卧车走廊

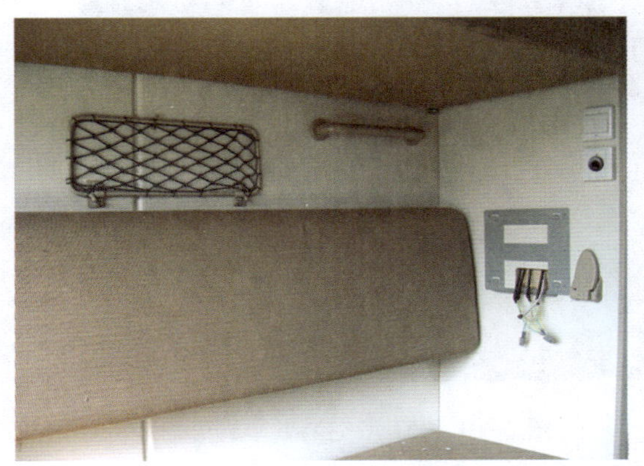

图 2-8　25T 型空调软卧车软卧铺位

3）餐车

餐车 1 位端设储藏室、配电柜、小走廊；2 位端设电气化厨房、电气控制柜、侧走廊；中部为两种方案，一种方案为 16 人定员，设酒吧、休闲区和餐厅，另一种方案为 40 人定员，设酒吧和餐厅。

1 位端小走廊设顶灯、空调回风口、紧急制动阀、总风表、制动管压力表和灭火器等设施。设置存放送餐小车的区域。

16 人定员餐车的中部分为三个部分，即酒吧、休闲区和餐厅，其 1 位端设酒吧、休闲区，配置吧台、酒柜、散席吧凳等设施；2 位端设餐厅，配置 4 张餐桌，16 个座椅，另设吸尘器插座、液晶电视机等。40 人定员餐车的中部取消休闲区。

25T 型空调餐车（16 人定员）平面布置如图 2-9 所示。

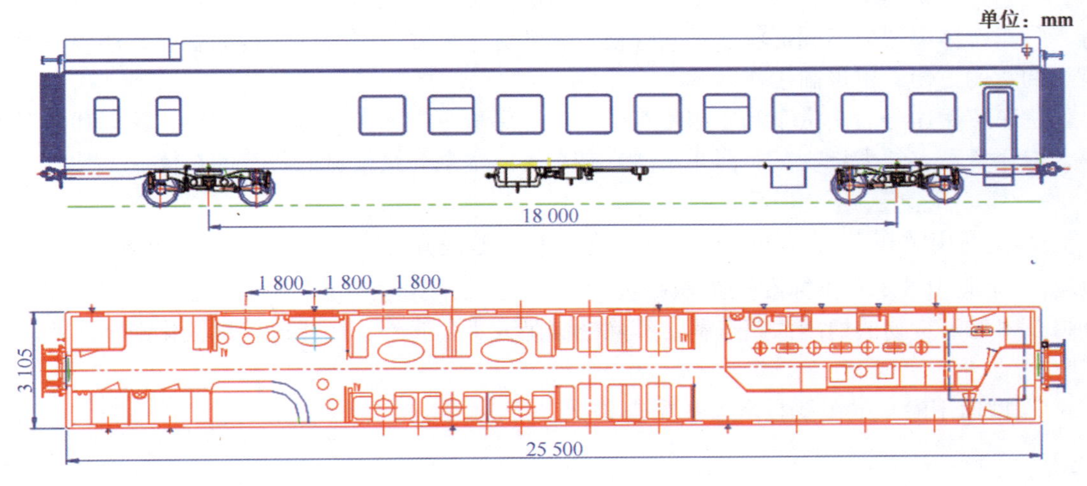

注：有▽标记的车窗为活动窗。

图 2-9　25T 型空调餐车（16 人定员）平面布置

25T 型空调餐车厨房如图 2-10 所示。25T 型空调餐车餐厅如图 2-11 所示。

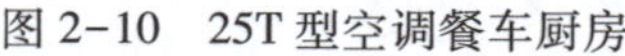

图 2-10　25T 型空调餐车厨房

图 2-11　25T 型空调餐车餐厅

4）硬座车

硬座车设有乘务员室、配电室、电开水炉间、2 个厕所和 1 个洗脸室，中部为 19 m 长的客室空间。

请扫描二维码，查看 25T 型空调硬座车平面布置。

任务 2.2 货车车体

铁路货车以货物为主要运输对象，承运的货物有固体、液体、气体，有重达几百吨的机械，长达几千米的钢轨，珍贵的精密仪器，活的家禽，人们生活必需的粮食、日用百货，等等，货车车体要适应不同形状、不同性质货物的运输需要，既要保证运输安全，还要考虑装货、卸货的方便，以提高工作效率。

货车按用途分通用货车和专用货车两类，通用货车有平车、敞车、棚车、罐车和保温车等，专用货车有长大货物车、漏斗车、自翻车等。本书介绍常见的货车的车体。

1. C_{70}（C_{70H}）型通用敞车

C_{70}型通用敞车装配了转 K6 型转向架，C_{70H}型通用敞车装配了转 K5 型转向架。C_{70}（C_{70H}）型通用敞车是供标准轨距铁路使用的，是用于装运煤炭、矿石、建材、机械设备、钢材及木材等货物的通用铁路车辆，其除能满足人工装卸外，还能适应机械化卸车作业。

1）主要技术参数

C_{70}型通用敞车的主要技术参数见表 2-2。

表 2-2 C_{70}型通用敞车的主要技术参数

项目	指标	项目	指标
载重/t	70	车体内长/mm	13 000
自重/t	≤23.6	车体内宽/mm	2 892
容积/m^3	77	车体内高/mm	2 050
比容/（m^3/t）	1.1	地板面高/mm	1 083
自重系数	0.33	车辆最大高度/mm	3 143
每延米重/（t/m）	6.69	车辆最大宽度/mm	3 242
商业运营速度/（km/h）	120	车钩	17 号车钩
通过最小曲线半径/m	145	缓冲器	MT-2 型缓冲器
车辆长度/mm	13 976	转向架	转 K5 型转向架或转 K6 型转向架
车辆定距/mm	9 210	主要钢材牌号	Q450NQR1

2）车体结构

C_{70}型通用敞车车体结构如图 2-12 所示。

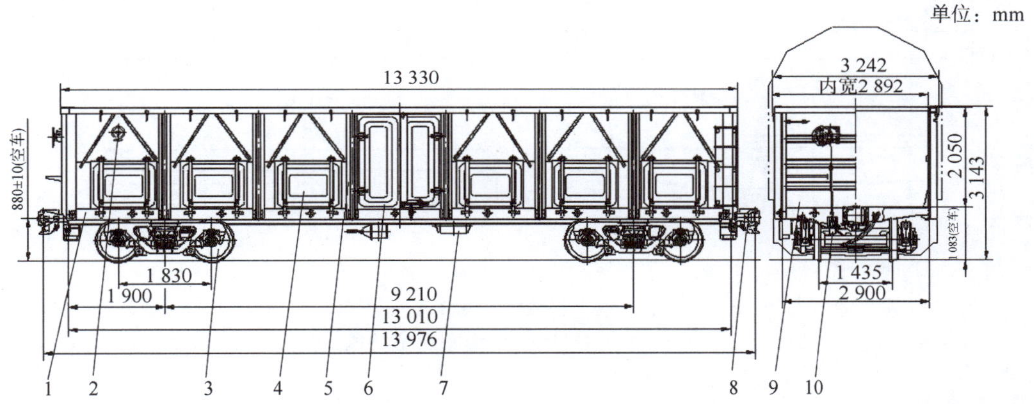

1—底架；2—标记；3—转向架；4—下侧门；5—侧墙；6—侧开门；7—风制动装置；8—车钩缓冲装置；9—端墙；10—手制动装置。

图 2-12 C_{70}型通用敞车车体结构

C_{70H}型通用敞车实物如图 2-13 所示。

图 2-13 C_{70H}型通用敞车实物

（1）底架。C_{70}型通用敞车底架由中梁、侧梁、枕梁、大横梁、端梁、纵向梁、小横梁及地板等组焊而成。中梁采用310乙字形钢组焊而成，允许采用冷弯中梁，侧梁为240 mm×80 mm×8 mm的槽形冷弯型钢；枕梁、横梁为钢板组焊结构，底架上铺6 mm厚的耐候钢地板；采用锻造上心盘（直径为358 mm）及材质为C级铸钢的前、后从板座，前、后从板座与中梁间，脚蹬与侧梁间均采用专用拉铆钉连接。

C_{70}型通用敞车底架结构如图2-14所示。

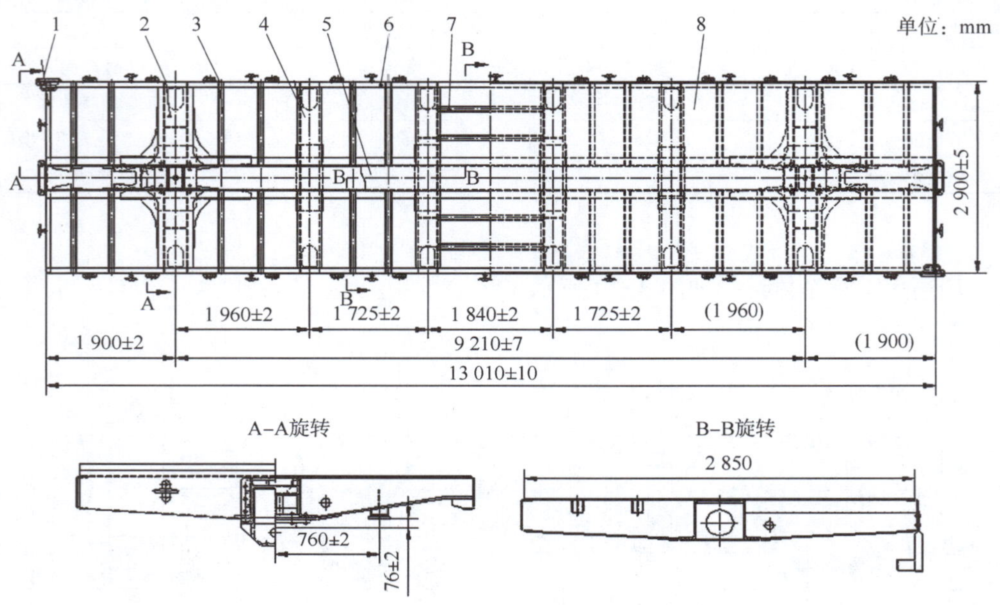

1—端梁；2—枕梁；3—小横梁；4—大横梁；5—中梁；6—侧梁；7—纵向梁；8—地板。

图2-14　C_{70}型通用敞车底架结构

（2）侧墙。侧墙为板柱式结构，由上侧梁、侧柱、侧板、连铁、斜撑、侧柱补强板及侧柱内补强座等组焊而成。上侧梁采用140 mm×100 mm×5 mm的冷弯矩形钢管，侧柱采用8 mm厚冷弯双曲面钢。侧柱与侧梁采用专用拉铆钉连接。

C_{70}型通用敞车侧墙如图2-15所示。

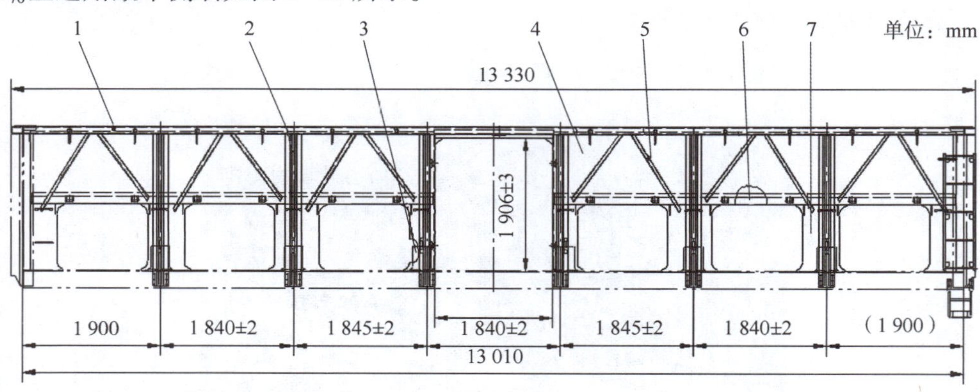

1—上侧梁；2—侧柱；3—侧柱内补强座；4—侧板；5—斜撑；6—连铁；7—侧柱补强板。

图2-15　C_{70}型通用敞车侧墙

（3）端墙。C_{70}型通用敞车端墙由上端梁、角柱、横带及端板等组焊而成。上端梁、角柱采用160 mm×100 mm×5 mm 的冷弯矩形钢管，横带采用断面高度为 150 mm 的冷弯型钢。

C_{70}型通用敞车端墙如图 2-16 所示。

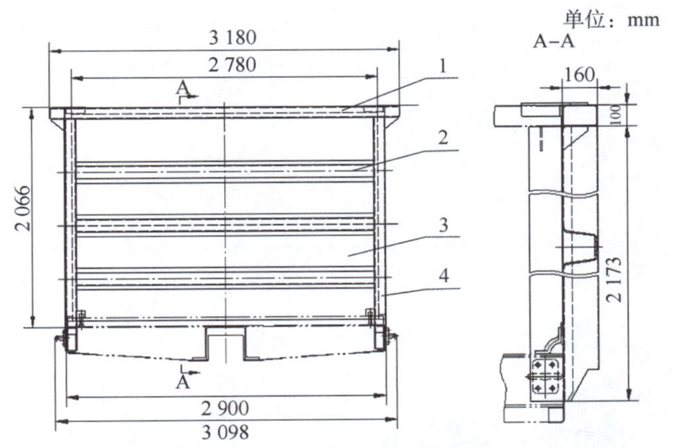

1—上端梁；2—横带；3—端板；4—角柱。

图 2-16　C_{70}型通用敞车端墙

（4）侧开门及下侧门。在 C_{70}型通用敞车车体两侧的侧墙上各安装一对侧开门及 6 扇上翻式下侧门。

C_{70}型通用敞车侧开门采用新型锁闭装置，门边处组焊槽形冷弯型钢，增强了刚度并将通长式上锁杆封闭其中，防止其变形与磕碰。下门锁采用偏心压紧机构，当车门关闭后，通长式上锁杆可防止下门锁蹿出，其操作简单，安全可靠。

下侧门关闭状态如图 2-17 所示。

下侧门打开状态如图 2-18 所示。

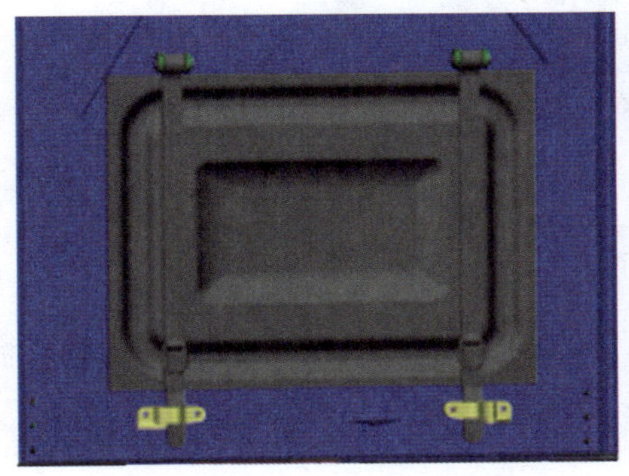

图 2-17　下侧门关闭状态

图 2-18　下侧门打开状态

2. P_{70}（P_{70H}）型通用棚车

P_{70}（P_{70H}）型通用棚车供在标准轨距铁路上使用，可装运各种须防日晒、雨雪侵蚀的贵重货物和箱装、袋装的货物，其添加辅助设施，便可运输人员。

1）主要技术参数

P_{70}（P_{70H}）型通用棚车的主要技术参数见表 2-3。

表 2-3　P_{70}（P_{70H}）型通用棚车的主要技术参数

项目	指标	项目	指标
载重/t	70	车体内高/mm	2 855
自重/t	23.8	地板面高/mm	1 136
容积/m^3	145	车辆最大高度/mm	4 770
每延米重/（t/m）	5.5	车辆最大宽度/mm	3 300
商业运营速度/（km/h）	120	车钩	17 号车钩
车辆长度/mm	17 066	缓冲器	MT-2 型缓冲器
车辆定距/mm	12 100	转向架	转 K5 型转向架或转 K6 型转向架
车体内长/mm	16 094	主要钢材牌号	Q450NQR1
车体内宽/mm	2 800		

2）车体结构

P_{70}型通用棚车实物如图 2-19 所示。

图 2-19　P_{70}型通用棚车实物

P_{70}型通用棚车示意图如图 2-20 所示。

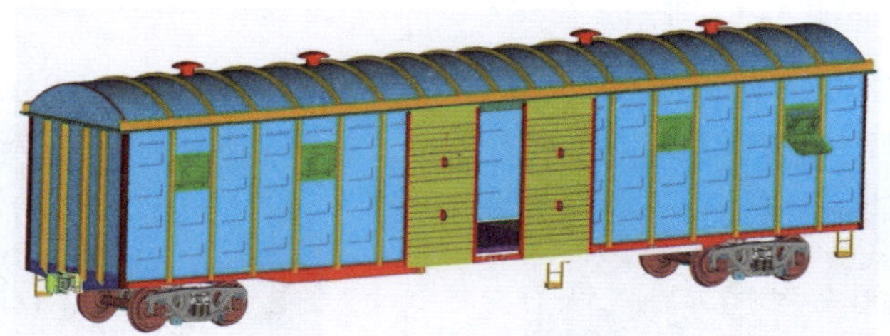

图 2-20　P_{70}型通用棚车示意图

（1）底架。底架铺设符合相关标准的要求，门口处装 3 mm 厚扁豆形花纹钢地板，装有铁路货车车号自动识别系统能够识别的车辆标签，预留便器安装座及火炉安装孔。

P_{70}型通用棚车底架如图 2-21 所示。

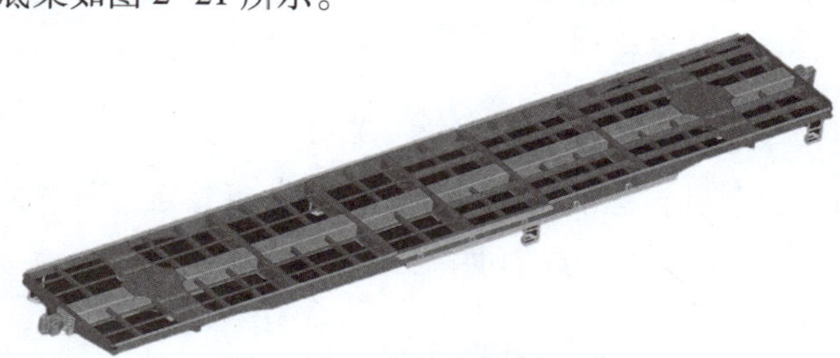

图 2-21　P_{70}型通用棚车底架

（2）侧墙。侧墙为板柱式结构，由侧板、侧柱、门柱、上侧梁等组焊而成。侧板为2. 3 mm厚钢板压型结构，侧柱采用4 mm厚的U形冷弯型钢，上侧梁由冷弯矩形钢管与冷弯角钢组焊而成。

P_{70}型通用棚车侧墙如图2-22所示。

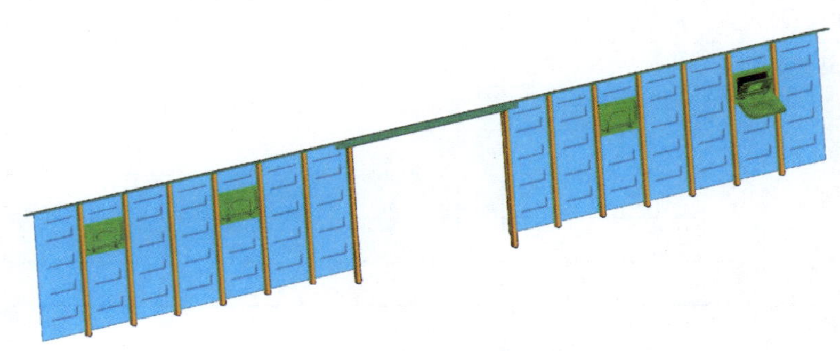

图2-22　P_{70}型通用棚车侧墙

（3）端墙。端墙为板柱式结构，由端板、端柱、角柱、上端梁等组焊而成，P_{70}型通用棚车端墙如图2-23所示。端板采用3 mm厚钢板，端柱采用热轧槽钢，角柱采用125 mm×125 mm×7 mm压型角钢，上端梁采用140 mm×60 mm×6 mm压型角钢，端板上预留电源线通过孔及照明设施安装座。

（4）车顶。车顶由车顶板、车顶弯梁、车顶侧梁、端弯梁等组焊而成，P_{70}型通用棚车车顶如图2-24所示。车顶弯梁为圆弧形结构，车顶侧梁采用冷弯型钢。车顶外部安装四个通风器和一个烟囱座，车顶弯梁处设有照明设施安装板。

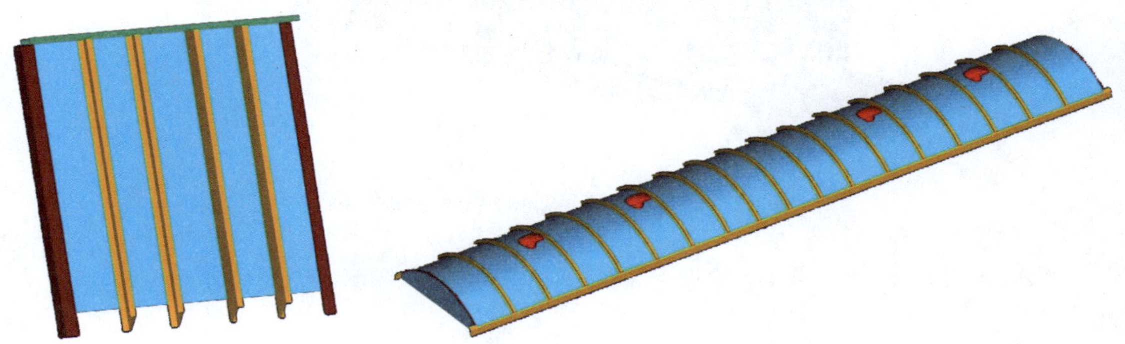

图2-23　P_{70}型通用棚车端墙　　图2-24　P_{70}型通用棚车车顶

3. NX_{70}（NX_{70H}）型共用车

NX_{70}（NX_{70H}）型共用车为适合标准轨距、载重70 t、具有装运多种货物功能的四轴平车，其可供装运各类集装箱，还可供装运钢材、汽车、拖拉机、军用装备等货物。

1）主要技术参数

NX_{70}（NX_{70H}）型共用车的主要技术参数见表2-4。

表 2-4　NX_{70}（NX_{70H}）型共用车的主要技术参数

项目		指标
载重/t		70
自重/t		≤23.8
每延米重/（t/m）		≤5.73
商业运营速度/（km/h）		120
集重/t	1 m	30
	2 m	35
	3 m	45
	4 m	50
	5 m	55

2）车体结构

NX_{70}（NX_{70H}）型共用车由底架、地板、集装箱锁闭装置、端门、制动装置、车钩缓冲装置、转向架等部分组成。

NX_{70}（NX_{70H}）型共用车运输集装箱如图 2-25 所示。

图 2-25　NX_{70}（NX_{70H}）型共用车运输集装箱

NX_{70}（NX_{70H}）型共用车运输坦克如图 2-26 所示。

图 2-26　NX_{70}（NX_{70H}）型共用车运输坦克

NX_{70}（NX_{70H}）型共用车结构如图 2-27 所示。

（1）底架。底架为全钢焊接结构，由端梁、中梁、侧梁、枕梁、横梁和辅助梁等组焊

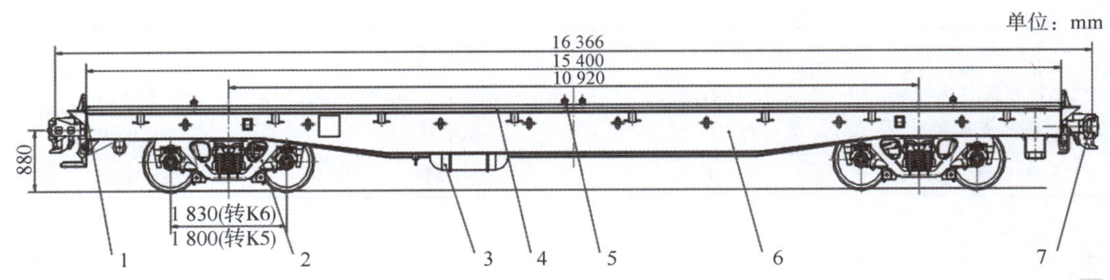

1—端门；2—转向架；3—制动装置；4—地板；5—集装箱锁闭装置；6—底架；7—车钩缓冲装置。

图 2-27　NX_{70}（NX_{70H}）型共用车结构

而成。底架上铺有 70 mm 厚木地板或 45 mm 厚竹木复合层积材地板，底架上还设有集装箱锁闭装置，锁头可原位翻转。NX_{70}（NX_{70H}）型共用车底架如图 2-28 所示。

（2）端门。

端门关闭位如图 2-29 所示。

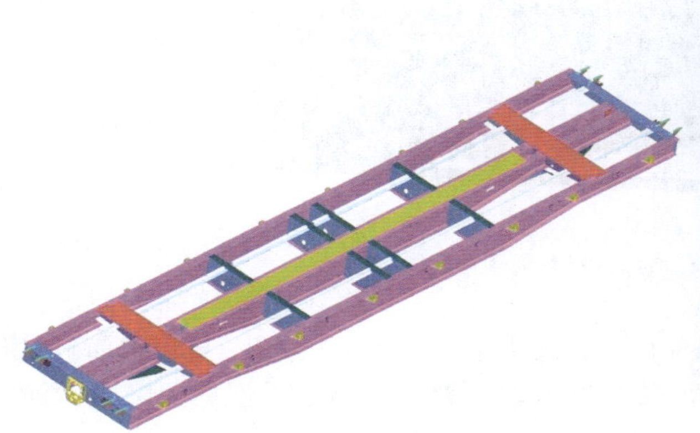

图 2-28　NX_{70}（NX_{70H}）型共用车底架

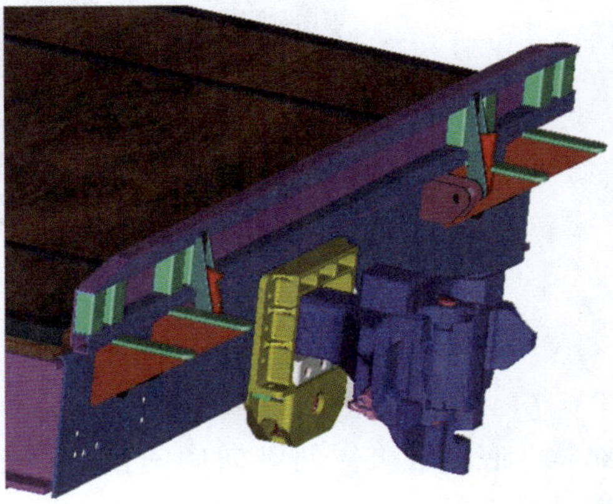

图 2-29　端门关闭位

4. GN_{70}（GN_{70H}）型黏油罐车

GN_{70}（GN_{70H}）型黏油罐车供标准轨距铁路使用，主要用于装运原油、重柴油、润滑油等一般性黏油类介质，其装卸方式为上装下卸。

1）主要技术参数

GN_{70}（GN_{70H}）型黏油罐车的主要技术参数见表 2-5。

表 2-5　GN_{70}（GN_{70H}）型黏油罐车的主要技术参数

项目	指标	项目	指标
载重/t	70	车体内长/mm	16 094
自重/t	23.8	车辆最大高度/mm	4 466
罐体总容积/m^3	78.1	车辆最大宽度/mm	3 320
每延米重/（t/m）	7.68	筒体形状	内径 ϕ3 000~ϕ3 100 mm，中部下斜 100 mm

续表

项目	指标	项目	指标
商业运营速度/（km/h）	120	筒体材质	Q345A
车辆长度/mm	12 216	人孔	带助开机构
车辆定距/mm	8 050	安全阀	不锈钢阀芯

2）车体结构

GN_{70}（GN_{70H}）型黏油罐车车体如图 2-30 所示。该车采用无中梁结构，主要由罐体装配、牵枕装配、加热及排油装置、车钩缓冲装置、制动装置、转向架、安全附件等部件组成，车端不设通过台。

图 2-30　GN_{70}（GN_{70H}）型黏油罐车车体

（1）罐体装配。罐体装配主要由封头、筒体、人孔等组成。罐体采用直锥圆截面斜底结构，底部由筒体两端向中间截面下斜，斜度为 1.2°。GN_{70}（GN_{70H}）型黏油罐罐体如图 2-31 所示。

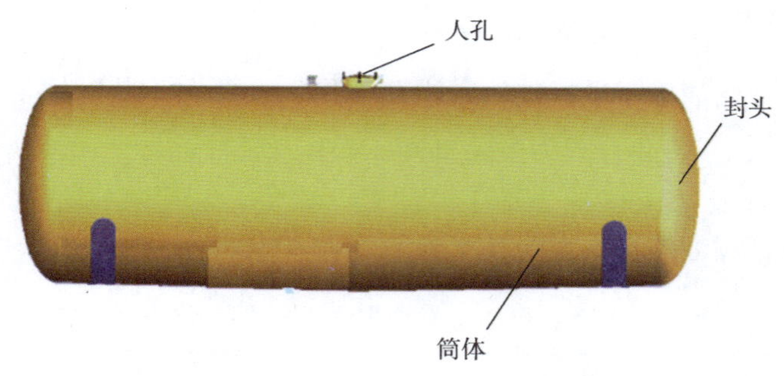

图 2-31　GN_{70}（GN_{70H}）型黏油罐罐体

（2）牵枕装配。牵枕装配主要由牵引梁装配、枕梁装配、边梁装配、端梁装配等组成。

GN_{70}（GN_{70H}）型黏油罐车牵枕装配如图 2-32 所示。

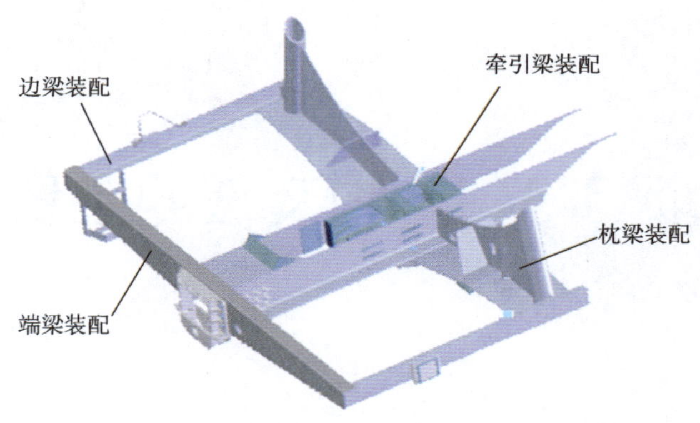

图 2-32 GN_{70}（GN_{70H}）型黏油罐车牵枕装配

（3）加热及排油装置。GN_{70}（GN_{70H}）型黏油罐车加热及排油装置由内置排管式加热系统和排油装置组成。

内置排管式加热系统主要由两组排管式加热器组成，其装设于罐内底部，沿罐体纵向中部截面对称布置，并沿罐壁向下倾斜。每组加热器主要由进气管、回水管、加热排管、进气集管、回水集管组成，罐外底部设加热槽钢。

排油装置采用了带蒸汽加热套下卸阀座和改进型下卸阀，开闭轴和排油接头均满足防盗或防脱的要求。

（4）车钩缓冲装置。GN_{70}（GN_{70H}）型黏油罐车采用 E 级钢 17 号车钩或新型车钩、17 号铸造或锻造钩尾框、合金钢钩尾销、MT-2 型缓冲器、含油尼龙钩尾框托板磨耗板。

（5）制动装置。

GN_{70}（GN_{70H}）型黏油罐车采用主管压力满足 500 kPa 和 600 kPa 的空气制动装置，主要由座式 120 型控制阀、直径为 254 mm 的整体旋压密封式制动缸、ST2-250 型双向闸调器、KZW-A 型空重车自动调整装置等组成；采用编织制动软管总成、奥-贝球铁衬套、高摩擦系数合成闸瓦、不锈钢制动配件和管系。手制动装置采用 NSW 型手制动机。

（6）转向架。

GN_{70}（GN_{70H}）型黏油罐车采用转 K6 型转向架或转 K5 型转向架。

项目 3　车钩及缓冲装置

知识点

车钩装置
缓冲装置

技能目标

掌握车钩装置相关知识
掌握缓冲装置相关知识

任务 3.1　车钩装置

1. 车钩缓冲装置的基础知识

在车钩缓冲装置中，车钩的作用是实现机车和车辆或车辆和车辆之间的连挂，以及传递牵引力和冲击力，并使车辆之间保持一定的距离。缓冲器用来缓和列车运行及调车作业时车辆之间的冲撞，吸收冲击动能，减小车辆相互冲击时所产生的动力作用。钩尾框和从板则起着传递纵向力（牵引力或冲击力）的作用。

1）车钩的类型

（1）按照连接方式，车钩可分为自动车钩和非自动车钩。

自动车钩不需要人工参与就能实现连接，非自动车钩则要由人工完成车辆之间的连接。我国铁道车辆均采用自动车钩。

自动车钩分为两种基本类型：非刚性车钩和刚性车钩。

非刚性车钩允许两个相连接的车钩在垂直方向上有相对位移，当两个车钩的纵轴线存在高度差时，连接着的两车钩呈阶梯形状，并且各自保持水平位置。刚性车钩不允许两相连接的车钩在垂直方向上存在位移，但是在水平方向可产生少许转角，如果在车辆连接之前两车钩的纵向轴线高度存在偏差，那么在连挂后，两车钩的轴线处在同一直线上并呈倾斜状态。

非刚性车钩示意图如图 3-1 所示。

非刚性车钩实物如图 3-2 所示。

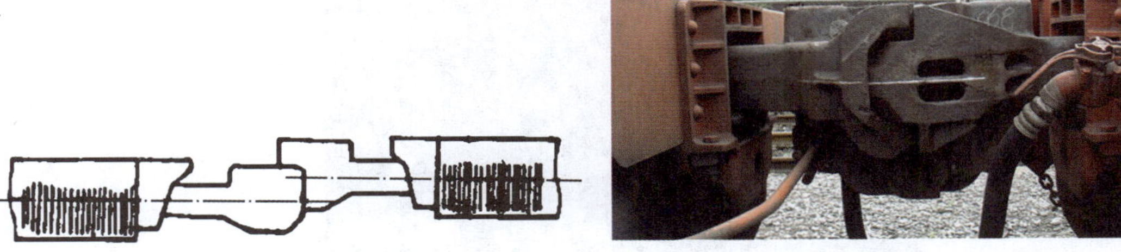

图 3-1　非刚性车钩示意图　　图 3-2　非刚性车钩实物

刚性车钩减小了两连接车钩之间的间隙，从而大大降低了列车运行中的纵向冲动，提高了列车运行的平稳性，同时也降低了车钩零件的磨耗和噪声。另外，刚性车钩有可能同时实现车辆间的气路和电路的自动连接。

刚性车钩示意图如图 3-3 所示。

刚性车钩实物如图 3-4 所示。

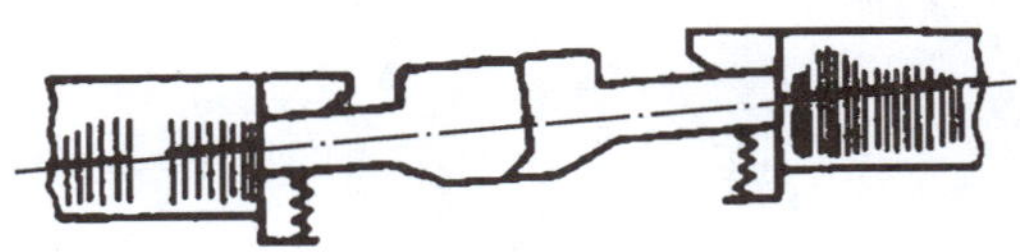

图 3-3　刚性车钩示意图

图 3-4　刚性车钩实物

在我国，客车、货车一般均采用非刚性的自动车钩，对于高速列车和城市的地铁、轻轨车辆则多采用刚性的自动车钩，即密接式车钩。

（2）按照开启方式，车钩可分为上作用式车钩和下作用式车钩。

由设在钩头上部的提升机构开启的，叫上作用式车钩。大部分货车车钩为上作用式车钩。这种方式开启灵活、轻便。还有部分货车，例如平车、长大货物车或开有端门的货车，因有碍货物的装卸或活动端门板需要放平，钩头的上部不能安装车钩提杆，故无法采用上作用式车钩，而须采用下作用式车钩。下作用式车钩借助设在钩头下部的推杆的动作来实现开启，它不如上作用式车钩轻便。所谓下作用式是指车钩由闭锁向开锁或全开位置转换时，通过车钩提杆向上推动钩锁的解钩方式。对于客车，因车体端部有折棚和平渡板装置，故无法采用上作用式车钩，而须采用下作用式车钩。

上作用式车钩与下作用式车钩对比如图 3-5 所示。

上作用式车钩如图 3-6 所示。下作用式车钩如图 3-7 所示。

图 3-5　上作用式车钩与下作用式车钩对比

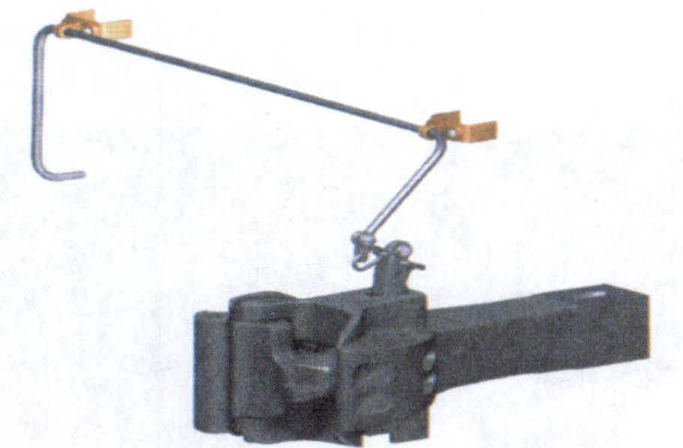

图 3-6　上作用式车钩

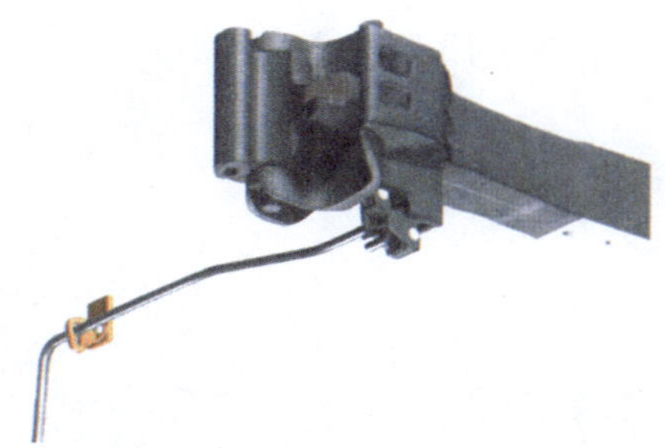

图 3-7　下作用式车钩

货车车钩提杆安装在 1 位和 4 位端；客车车钩提杆安装在 2 位和 3 位端。

（3）按照安装方式，车钩可分为固定式车钩和旋转车钩。

旋转车钩的构造与普通车钩不同，钩尾有锁孔，钩尾销与钩尾框的转动套连接。钩尾端面为一球面，顶紧在带有凹球面的前从板上。当钩头受到扭转力矩作用时，钩身连同尾销及转动套一起转动。

图 3-8　车辆翻转卸货

旋转车钩现在只安装在专为大秦铁路运煤单元组合列车设计的车辆上。这种车辆的一端装设旋转车钩，另一端装设固定车钩，整列车上每组连接的两个车钩，两两相互搭配。当满载煤炭的车辆进入卸煤区的翻车机位时，翻车机带动车辆翻转 180°，将煤炭倾倒出来。旋转车钩可以使车辆翻转卸货时不摘钩连续作业，缩短了卸货作业时间。

车辆翻转卸货如图 3-8 所示。

2）车钩的三态作用

车钩有闭锁、开锁和全开三个作用位

置，这常被称为车钩的三态作用。

(1) 闭锁位：机车车辆连挂后的车钩位置，两车钩全是闭锁位时才能传递牵引力。

(2) 开锁位：闭而不锁的状态。

(3) 全开位：车钩钩舌完全张开，准备挂钩的状态。

3) 车钩缓冲装置的作用力传递

车钩缓冲装置整体安装于车体底架两端的牵引梁内，前、后从板及缓冲器卡装在牵引梁的前、后从板座之间，下部靠钩尾框托板及钩体托梁托住。

车钩缓冲装置结构示意图如图 3-9 所示。

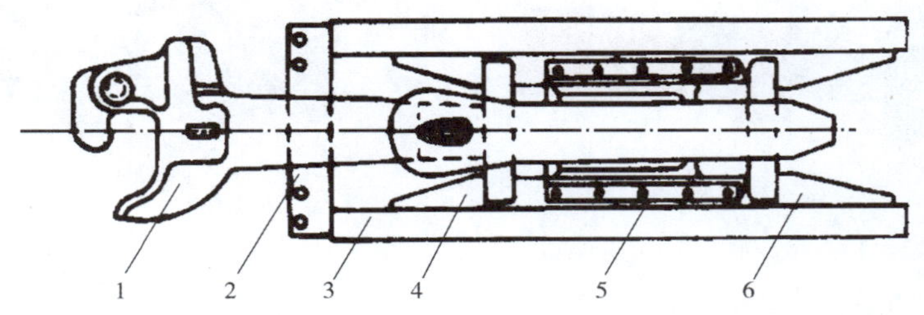

1—车钩缓冲装置；2—冲击座或复原装置；3—中梁或牵引梁；4—前从板座；5—钩尾框托板；6—后从板座。

图 3-9 车钩缓冲装置结构示意图

当车辆受牵拉时，作用力的传递过程为：

车钩→钩尾框→后从板→缓冲器→前从板→前从板座→牵引梁。

车钩缓冲装置受牵拉时的状态如图 3-10 所示。

当车辆受冲击时，作用力的传递过程为：

车钩→前从板→缓冲器→后从板→后从板座→牵引梁。

车钩缓冲装置受冲击时的状态如图 3-11 所示。

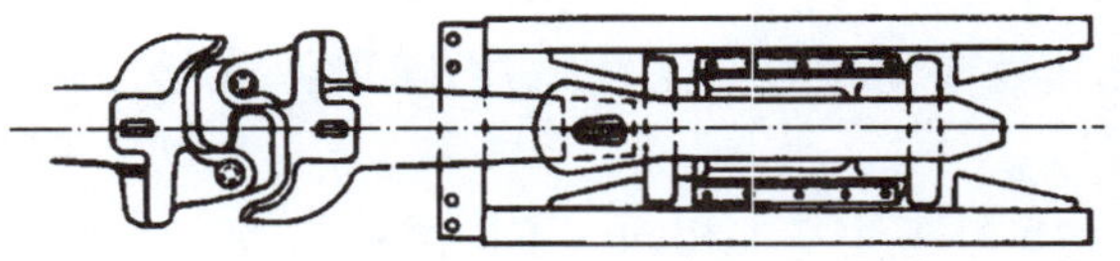

图 3-10 车钩缓冲装置受牵拉时的状态

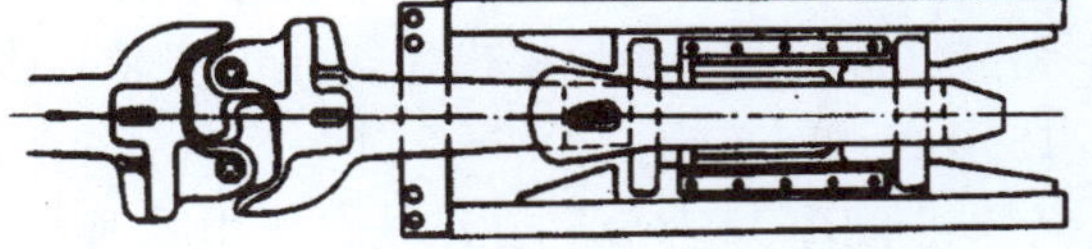

图 3-11 车钩缓冲装置受冲击时的状态

由此可见，车钩缓冲装置无论是承受牵引力，还是冲击力，都要经过缓冲器将力传递给牵引梁，这样就有可能使车辆间的纵向冲击振动得到缓和、消减，从而能改善运行条件，保护车辆及货物不受损坏。

2. 货车车钩

目前，我国铁路货车车钩主要有 4 种：13 号车钩、13A 型车钩、16 号车钩和 17 号车钩。

13 号车钩曾是我国铁路货车的主型车钩，一度约占全路货车车钩的 80%，其分上作用式和下作用式两种。随着铁路货车重载、提速工作的不断推进，13 号车钩暴露了很多问题，已不适应重载、提速工作的要求。

13A 型车钩是为适应我国铁路货车重载、提速工作的需要而研制的车钩，该车钩缩小了车辆的连挂间隙，可改善列车纵向动力学性能，减小列车的纵向冲动。13A 型车钩于 2003

年开始在全路推广。

16 号、17 号车钩是为了满足使用翻车机卸货的专用列车的要求而研制的一端可旋转的车钩。此种专用列车不用摘钩就可在翻车机上连续卸货，提高了运输效率。17 号车钩也应用于 2005 年开始投入生产的 70 t 级铁路货车上。

13A 型车钩缓冲装置结构如图 3-12 所示。

13A 型车钩实物如图 3-13 所示。

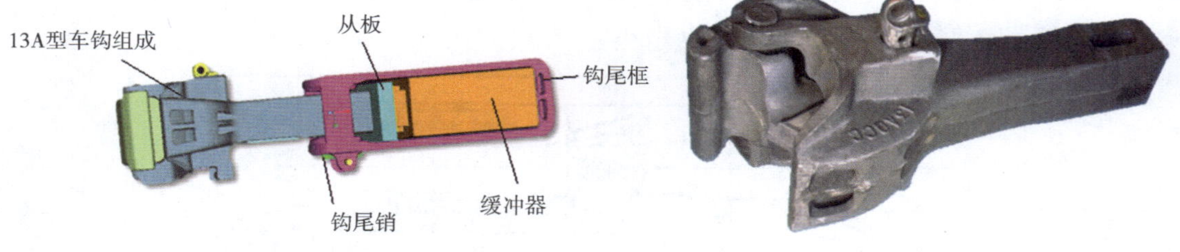

图 3-12　13A 型车钩缓冲装置结构　　　图 3-13　13A 型车钩实物

3. 客车车钩

我国铁路客车速度小于 120 km/h 的普通车辆采用 C 级低合金铸钢的 15 号车钩，速度小于 160 km/h 的普通客车采用 C 级低合金铸钢的 15 号小间隙车钩，速度大于 200 km/h 的高速客车，采用密接式车钩。

1）15 号车钩

15 号车钩使用在客车上时，由钩体、钩舌及钩头配件等组成，其中钩体分为钩头、钩身、钩尾三部分。钩头与钩舌通过钩舌销相连接，钩舌可绕钩舌销转动，钩头内部装有钩锁铁、钩舌推铁、钩推销等零件。

随着列车的运行速度、牵引总重的提高，作用在车钩上的载荷也随之加大，从而对车钩强度、运行的平稳性提出了更高的要求，因此，目前新型客车上均采用小间隙 15 号车钩、15 号高强度车钩。

小间隙 15 号车钩在结构、作用原理方面与 15 号车钩基本相同，不同之处是改变了车钩钩头轮廓，缩小了两车钩连挂之间的间隙及车钩尾部和前从板的间隙；15 号高强度车钩采用低合金铸钢，其主要分为 15C 型车钩和 15H 型车钩。

2）25T 用密接式车钩

由于铁路提速，现有提速客车的其他关键部件都有了很大的发展，但车钩缓冲装置直到 2001 年都与提速前变化不大。

列车纵向连挂间隙过大，由于间隙累积效应，造成列车纵向冲动加剧。缓冲器初压力大、刚度太高，正常运行过程中缓冲器基本不吸收能量，导致车钩之间发生刚性碰撞，提速后车钩的磨耗速度加快，车钩钩舌非正常磨耗严重。随着运行速度的提高，纵向冲动问题成为提速旅客列车在运行平稳性方面的严重问题之一。

中车青岛四方车辆研究所有限公司研制的密接式车钩缓冲装置从 1999 年开始在动车组上运用。实际运行中的平稳性测试表明，采用密接式车钩缓冲装置可以大大减小不同工况下的列车纵向加速度，并基本消除纵向冲动现象，列车的纵向动力学性能与 25K 提速客车相比有了质的提高。

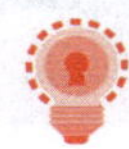

随着我国第四次铁路提速工作的开展，为了采用既有技术提高提速客车的纵向动力学性能，按铁道部和主机厂的要求，中车青岛四方车辆研究所有限公司从2003年年底开始，在原有动车组用密接式车钩缓冲装置技术的基础上，研制铁路提速客车用密接式车钩缓冲装置。

密接式车钩的构造和作用原理与普通自动车钩完全不同，两车钩连挂后，其间没有横向、垂向移动，纵向间隙亦控制在很小范围内。

密接式车钩的连挂状态如图3-14所示。

图3-14 密接式车钩的连挂状态

25T密接式车钩主要由连挂系统、缓冲系统、安装吊挂系统三部分构成。

25T密接式车钩的结构如图3-15所示。

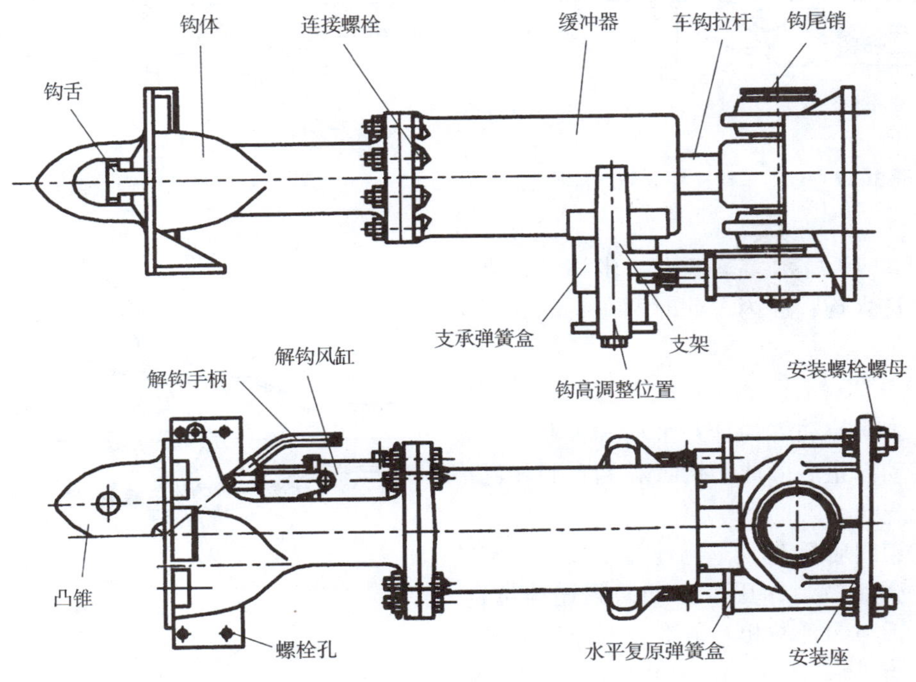

图3-15 25T密接式车钩的结构

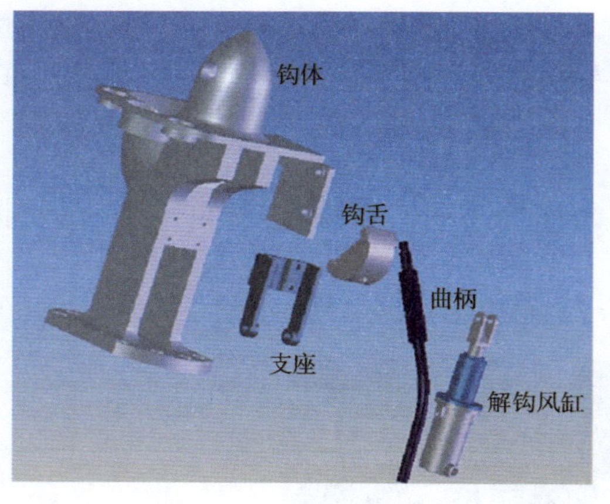

图 3-16　连挂系统组成

连挂系统包括钩体、钩舌、解钩手柄、解钩风缸、防尘装置等。

车钩连挂系统的主要作用是实现车钩自动连接和分解；提速客车用的车钩连挂系统只完成机械连挂功能。

连挂系统组成如图 3-16 所示。

（1）连挂。两车连挂时，凸锥插入对侧车钩凹锥内，凸锥内侧面压迫对方，半圆钩舌沿逆时针方向转动 40°，并压缩解钩风缸弹簧。两钩连接到位后，车钩连接面相互接触，两钩钩舌在解钩风缸弹簧作用下恢复原位，车钩处于闭锁状态。

自动车钩连挂前的准备状态如图 3-17 所示，此时，解钩杆、钩舌和弹簧均处于自然状态。

如图 3-18 所示，当需要连挂时，对应的两车辆相互靠近，或其中的某一车辆向另一车辆移动靠近，在车钩的钩头斜端面与另一车钩的钩舌接触的同时，推压钩舌使其向逆时针方向转动。

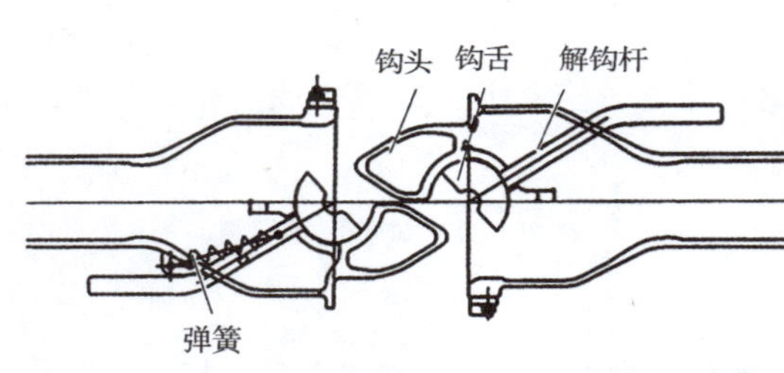

图 3-17　自动车钩连挂前的准备状态

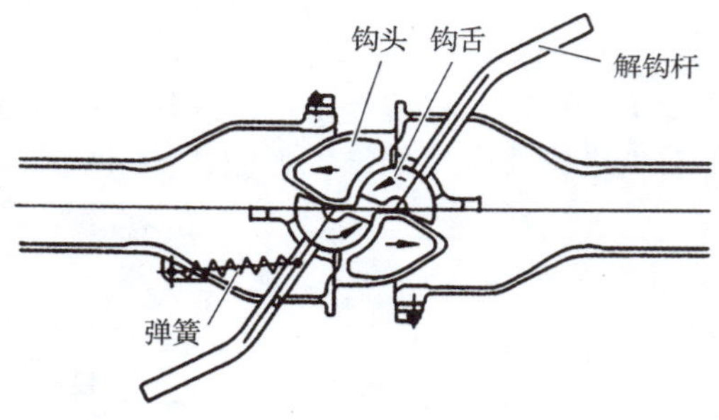

图 3-18　自动车钩连挂 1

如图 3-19 所示，车辆进一步移动，直至钩头完全进入钩舌腔内，此时两车钩的相对运动停止。

如图 3-20 所示，钩头完全进入钩舌腔内的同时，弹簧拉动解钩杆并带动钩舌顺时针转动，待转动停止后，球形钩舌和钩舌腔相互嵌套，完成连挂。

车钩锁闭后具有“车钩连挂密接后，解钩杆在复位弹簧拉力作用下自动回到连挂位置，半圆形钩舌与钩舌腔相互嵌套，两车钩完全密接”等特点。

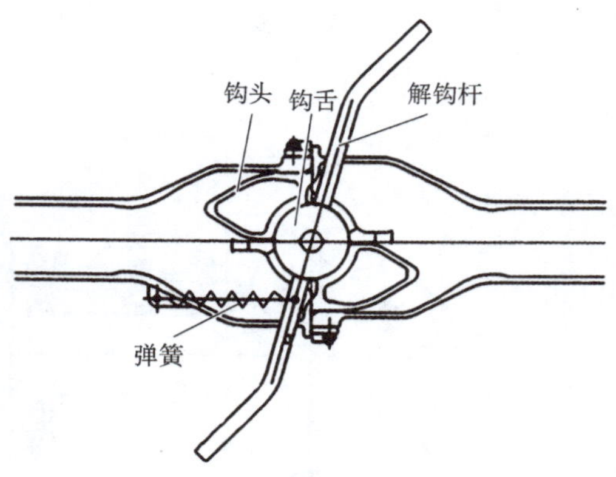

图 3-19　自动车钩连挂 2

（2）解钩。当需要摘挂时，钩舌锁放在解钩位。按图 3-21 所示箭头方向拉解钩杆（通

过向解钩风缸充气由风缸推动，当然也可手拉，采用手动拉解钩杆的车钩属于半自动车钩)，使车钩处于解钩前的准备状态。

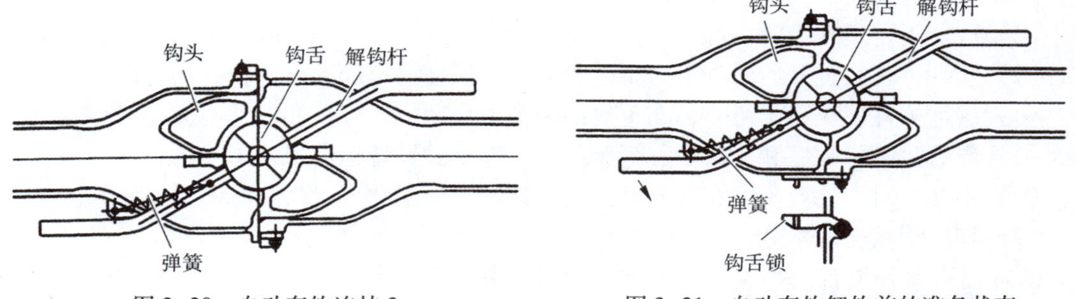

图 3-20　自动车钩连挂 3

图 3-21　自动车钩解钩前的准备状态

如图 3-22 所示，继续拉动解钩杆，直到限位，此时钩舌锁会自然地挂在对方解钩杆的凸台上，解钩杆被固定，呈解钩状态。

如图 3-23 所示，车辆后退，逐步释放车钩，通过车辆的后退，钩舌锁从对方的解钩杆上自然分离，车辆不断后退直到车钩完全脱开。

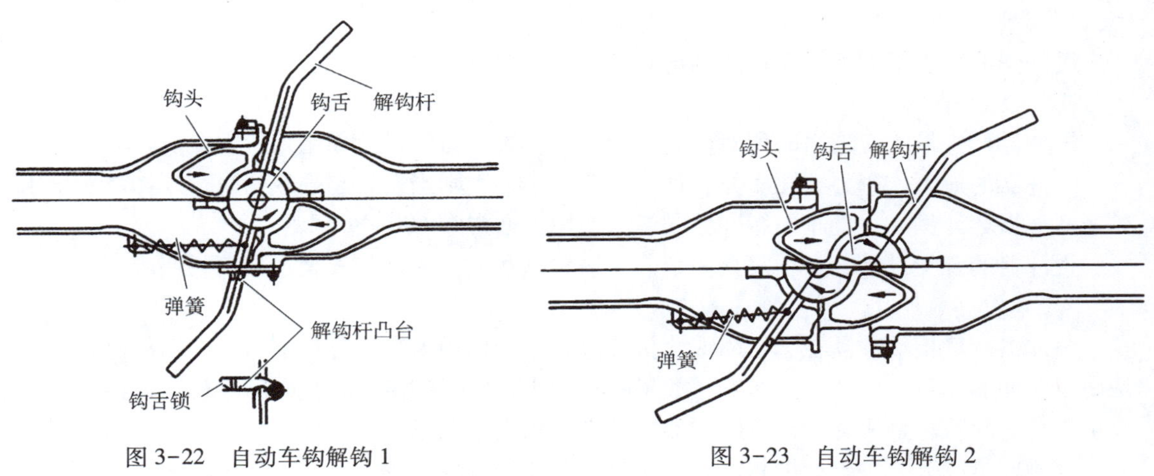

图 3-22　自动车钩解钩 1

图 3-23　自动车钩解钩 2

任务 3.2　缓冲装置（缓冲器）

1. 缓冲器的基础知识

缓冲器的作用是缓和列车在运行中由于机车牵引力的变化或在起动、制动及调车作业时车辆相互碰撞而引起的纵向冲击和振动。缓冲器有耗散车辆之间冲击和振动的功能，其可以减轻对车体结构和货物的破坏作用，提高列车运行的平稳性。

缓冲器的工作原理是借助压缩弹性元件来缓和冲击作用力，同时在压缩弹性元件变形过程中利用摩擦和阻尼吸收冲击能量。

铁道车辆对缓冲器的基本要求如下。

(1) 应当具备足够的容量。

(2) 应能不可逆地吸收一部分冲击能量，冲击后的反力要小，吸收率不应小于 75%。

(3) 缓冲器在行程开始时的阻力不能太大，以保证列车起动时有较好的缓冲性能。

(4) 缓冲器性能应稳定可靠，在重复的冲击力作用下，容量和特性不应有明显变化。

(5) 应有足够的强度和耐久性、耐磨性，新造缓冲器特性应保持 15 年。

(6) 不允许有卡住现象，在压缩之后应立即恢复原来的形状。

(7) 构造简单，成本低，制造、检修方便。

缓冲器主要种类有：弹簧式缓冲器、摩擦式缓冲器、橡胶式缓冲器、摩擦橡胶式缓冲器、黏弹性橡胶泥缓冲器、液压缓冲器、空气缓冲器。

缓冲器的性能直接影响着列车的牵引总重、运行速度、车辆的总重、编组作业效率、货物的完好率等涉及铁路运输效能的主要技术经济指标。决定缓冲器特性的主要参数有：缓冲器的行程、最大作用力、容量、能量吸收率及初压力等。

1) 行程

缓冲器受力后产生的最大变形量称为行程。弹性元件处于全压缩状态时，如再加大外力，变形量也不再增加。

缓冲器的行程不能超过车辆的钩肩间隙。

2) 最大作用力

缓冲器产生最大变形量时所对应的作用外力即缓冲器的最大作用力。

缓冲器的最大作用力要比车体容许的载荷要小，否则当发生超限载荷时，车体将发生永久变形而损坏。例如，动车组缓冲器的最大作用力通常为 600~800 kN。

缓冲器的容量设计：必须满足一定的车辆总重和调车允许的安全连挂速度要求。

3) 容量

缓冲器容量指缓冲器在全压缩或全拉伸过程中，作用力在其行程上所做的功的总和。它是衡量缓冲器能量大小的主要指标，如果容量太小，则当冲击力较大时就会使缓冲器全压缩或全拉伸而导致车辆刚性冲击。缓冲器容量主要取决于调车冲击工况。

车辆质量越大、冲击速度越高，则要求缓冲器的容量也越大。

4) 能量吸收率

缓冲器在全压缩过程中，有一部分能量被阻尼所消耗，其所消耗部分的能量与缓冲器容量之比称为能量吸收率。

能量吸收率越大，表明缓冲器吸收冲击能量的能力越大，反冲作用就越小；如果吸收率较小，则缓冲器必须往复工作几次方能将冲击能量消耗尽，这将加剧列车纵向冲动并导致车钩、车底架过早产生疲劳损伤。一般要求缓冲器的能量吸收率不低于 70%。

5) 初压力

初压力为缓冲器的静预压力。

初压力的大小将影响列车起动加速度。缓冲器在满足容量要求的前提下，应尽量减小初压力。

常见缓冲器的主要技术参数见表 3-1。

表 3-1　常见缓冲器的主要技术参数

项目	指标			
	G1 型缓冲器	G2 型缓冲器	MT-2 型缓冲器	MT-3 型缓冲器
最大作用力/kN	800	1 630	2 000～3 000	2 000
行程/mm	73	73	83	83
容量/kJ	18	42	54～65	45
吸收能量/kJ	13.5	37～41	46～55	37
能量吸收率/%	75	75	≥80	≥80
质量/kg	106	116	175	175

2. 常见的缓冲器类型

1）MT-2 型和 MT-3 型缓冲器

MT-2 型缓冲器是根据我国铁路重载运输的需要，在总结国内外缓冲器研究、设计、制造、运用经验的基础上，研制的全钢摩擦式缓冲器，是纳入“八五”期间国家重点科技攻关计划的铁道部科研项目。

MT-2 型缓冲器从 1989 年开始研制，于 1992 年 8 月通过铁道部组织的技术审查，并开始批量装用在 C_{63}型运煤专用敞车上进行运用考验。MT-2 型缓冲器具有大容量、低阻抗及性能可靠等特点，在 C_{63}型、C_{76}型及 C_{80}型等重载货车上均装用了该缓冲器，我国 70 t 级货车也采用了 MT-2 型缓冲器。

MT-2 型和 MT-3 型缓冲器属于弹簧摩擦式缓冲器，两者结构和外形尺寸相同。

MT-2 型缓冲器容量为 54～65 kJ；MT-3 型缓冲器容量为 45 kJ，用于一般通用货车，其刚度较小、容量大、性能稳定，是目前较为理想的缓冲器。

MT-2 型缓冲器如图 3-24 所示。

MT-2 型缓冲器结构如图 3-25 所示。

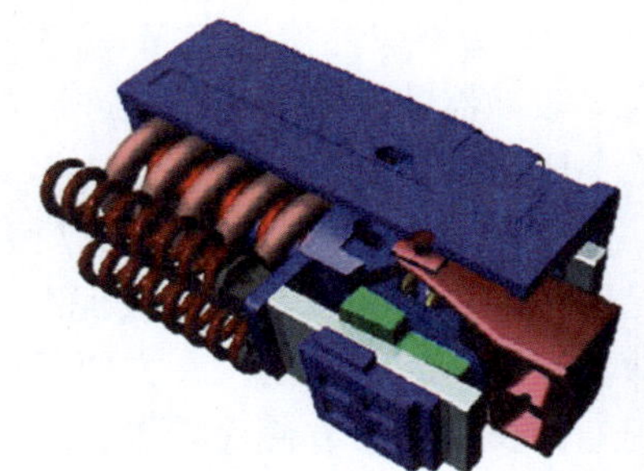

图 3-24　MT-2 型缓冲器

MT-2 型缓冲器系摩擦式弹簧缓冲器，由摩擦机构、主系弹簧和箱体三部分组成。摩擦机构又分为两组。一组摩擦机构由两个形状相同并带有三个倾斜角的楔块、中心楔块、固定斜板和弹簧座组成。中心楔块承受来自从板的冲击力，楔块沿着固定斜板、中心楔块和弹簧座的斜面滑动，固定斜板置于箱体口部两个凸肩之间。另一组摩擦机构由动板、固定斜板、外固定板组成。外固定板也置于箱体口部两个凸肩之间。动板沿着固定斜板、外固定板的平面滑动。

主系弹簧由一个外圆弹簧、一个内圆弹簧和四个角弹簧组成，主系弹簧有较大的刚度。复原弹簧置于中心楔块和弹簧座之间，用于受冲击后辅助中心楔块恢复原位，防止摩擦机构产生卡滞。楔块上压有铜条，其有润滑作用，对防止摩擦机构产生卡滞起积极作用。在冲击过程中，冲击力所做的功的一部分转化为缓冲器主系弹簧的弹簧能，另一部分转化为摩擦机构的摩擦功。冲击后，主系弹簧的弹簧能一部分消耗在摩擦机构复原过程中产生的摩擦功上，剩下的一部分能量传给从板，从而使缓冲器通过吸收冲击动能，起到降低作用在车辆上的冲击力的作用。

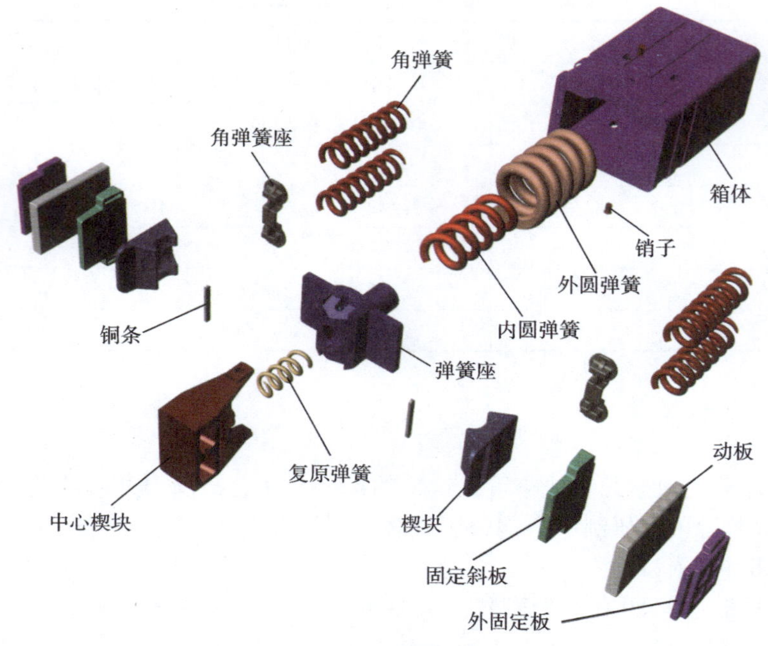

图 3-25 MT-2 型缓冲器结构

2）HM-1 型缓冲器

为了提高普通货车缓冲器的性能，我国近年来开发了 HM-1 型缓冲器。

HM-1 型缓冲器是在 MT-2 型缓冲器的基础上采用弹性胶泥芯体替代螺旋弹簧，从而提高了缓冲器的性能。这种缓冲器正在通用货车上推广。

HM-1 型缓冲器是从 2004 年 5 月开始研制的。

HM-1 型缓冲器由箱体、摩擦机构（采用两楔块、单压头带两动板的摩擦机构）和弹性元件（采用钢弹簧与弹性胶泥芯体组合的弹性元件）组成。箱体不直接参与摩擦作用，缓冲器以预压缩状态出厂，方便了检修、维护。HM-1 型缓冲器有性能稳定、缓冲性能好、使用寿命长、检修方便等特点，可在−50～50 ℃的环境温度范围内正常使用。

3）HM-2 型缓冲器

HM-2 型缓冲器结构如图 3-26 所示，其由箱体、摩擦系统和弹性元件组成。摩擦系统是采用两楔块、两压头带一动板等零件组成的新型摩擦机构。弹性元件采用新型复合弹性体材料制造。HM-2 型缓冲器的箱体不直接参与摩擦作用，以预压缩状态出厂，方便了检修、维护。

HM-2 型缓冲器具有性能稳定、缓冲性能好、使用寿命长、检修方便等特点。

4）HN-1 型缓冲器

货物运输不仅要求车辆具备大容量的缓冲器，还要求车辆在受力变化时能进行可靠的动作对运输货物进行良好的保护。近年来我国开发了大容量的 HN-1 型缓冲器，HN-1 型缓冲器结构如图 3-27 所示。

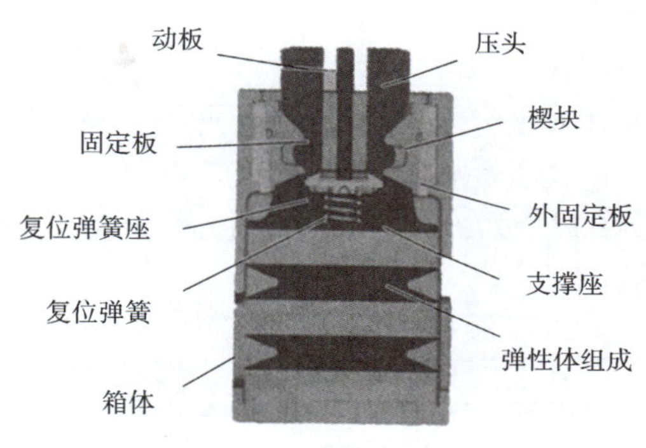

图 3-26 HM-2 型缓冲器结构

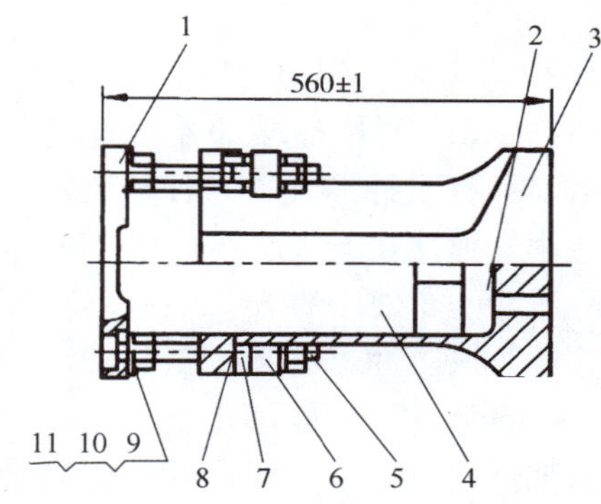

1—预压板；2—垫板；3—箱体；4—弹性胶泥芯体；5—螺杆；6—连接板；7—垫块；8—减磨套；9—螺母放松板；10—螺母；11—弹簧垫圈。

图 3-27 HN-1 型缓冲器结构

HN-1 型缓冲器为弹性胶泥缓冲器，具有容量大、阻抗小、结构简单、性能稳定的优点。这种缓冲器采用一种未经硫化的有机硅化合物（弹性胶泥）作为介质，具有弹性、可压缩性和可流动性，其在-50~250 ℃范围内具有较高的稳定性。该种缓冲器抗老化、无臭、无毒，对环境无污染。

由于弹性胶泥具有流体的特性，因此，HN-1 型缓冲器具有良好的动态和静态特性。在编组场调车时的动态特性使得冲击速度很大，编组作业效率高，可以加速货车周转；在紧急制动等制动工况下的动态特性使得列车的车钩力大幅降低；在列车运行工况下的静态特性使车钩力和机车、车辆的纵向加速度很小，能够有效地保护载运的货物，特别是易碎品、危险品等货物。

5）G1 型缓冲器

我国客车原使用 1 号缓冲器，运用初期，未见有容量不足的问题发生。1985 年，大型旅客列车扩编的纵向动力学试验表明，在 20 辆编组情况下，1 号缓冲器容量可满足运用要求。20 世纪 80 年代，客运运能与运量矛盾突出，铁路部门提出了扩编 25 辆的目标，故研制了 G1 型缓冲器。G1 型缓冲器主要靠提高强度和缓冲器的初压力来提高缓冲器的容量，这对解决容量不足问题是必要的（但以后客车的扩编与 G1 型缓冲器的研制背景无关）。由于 G1 型缓冲器的初压力和刚度较高，牺牲了对小冲击的缓和，这是造成目前提速客车纵向舒适性差的原因之一。在解决这一问题时，一定要正确认识缓冲器特性与车辆舒适性的关系。

G1 型缓冲器分为前、后两部分。前部为圆弹簧，后部为内、外环弹簧，彼此以锥面相配合，两部分由弹簧座分隔。圆弹簧用来缓和冲击作用力，环弹簧两滑动斜面间的摩擦力用来消耗冲击功能，起到吸收能量的作用。如图 3-28 所示，G1 型缓冲器由弹簧盒盖、弹簧盒、圆弹簧、弹簧座、环弹簧及底板等组成。

当缓冲器受牵引力或冲击力作用时，弹簧盒盖向内移动，压缩圆弹簧并将力通过弹簧座传递给环弹簧。由于内、外环弹簧为锥面配合，受力后外环弹簧扩张，内环弹簧缩小，产生轴向弹性变形，能起到缓冲作用。与此同时，内、外环弹簧锥面间有相对滑动，因摩擦而做功，从而使部分冲击能变为摩擦功而耗散。当外力去除后，各内、外环弹簧由于弹力而复原，此时同样也要消耗部分冲击能量，从而起到缓和、消减冲击的作用。

6）弹性胶泥缓冲器

弹性胶泥缓冲器如图 3-29 所示。

25T 型车上使用的缓冲器全部是弹性胶泥缓冲器，其有两种形式：一种是与密接式车钩配套使用的弹性胶泥缓冲器；另一种是与 15 号小间隙车钩配套使用的 KC15 弹性胶泥缓冲器。

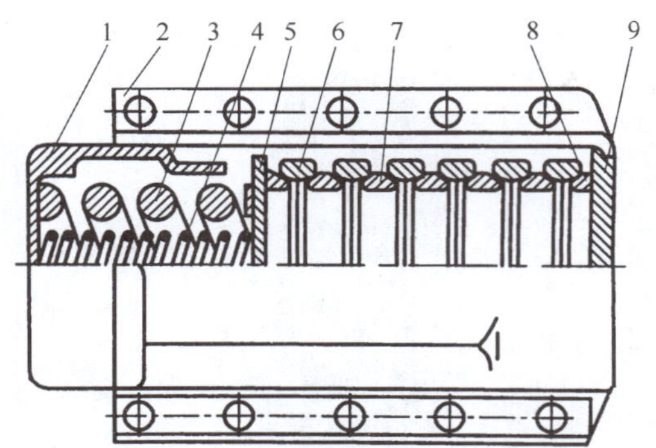

1—弹簧盒盖；2—弹簧盒；3—外圆弹簧；4—内圆弹簧；5—弹簧座；6—外环弹簧；7—内环弹簧；8—半环弹簧；9—底板。

图 3-28 G1 型缓冲器结构

弹性胶泥缓冲器的基本工作原理是：将弹性胶泥材料装进一个能够承受一定压力的缓冲器活塞缸体内，根据实际应用的需要增加一定的预压缩力，当弹性胶泥缓冲器活塞柱受到一定的压力（静压力或冲击力）时，活塞利用活塞缸内节流孔或节流间隙及弹性胶泥材料本身体积被压缩后的反作用力产生一定的阻抗力。当弹性胶泥材料受到的预压缩力越大、活塞的运动速度越快，则产生的阻抗力也越大，这有利于提高缓冲器在大冲击力作用下的容量。当作用在活塞柱上的外力撤销后，缓冲器体内处于压缩状态的弹性胶泥的体积则会自行产生膨胀，将活塞推回到原始位置，在这个过程中弹性胶泥材料以较慢的速度通过节流孔或节流间隙流回原位，实现缓冲器的回程动作。

弹性胶泥缓冲器结构如图 3-30 所示。

图 3-29 弹性胶泥缓冲器

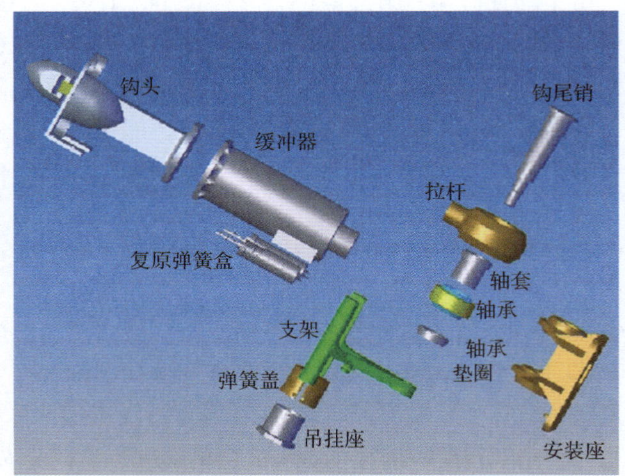

图 3-30 弹性胶泥缓冲器结构

在充满弹性胶泥材料的缓冲器内，设有带环形间隙（或节流孔）的活塞，因此弹性胶泥材料受压缩产生阻抗力时，通过环形间隙（或节流孔）的节流作用和胶泥材料的压缩变形吸收冲击能量。由于胶泥材料的特性，冲击力越大，缓冲器的容量也随之增大。这种缓冲器的力-位移特性曲线呈凸形，其与普通缓冲器相比较，有如下主要优点：容量大、体积小、质量轻、检修周期长，兼有液压和橡胶缓冲器两者的优点，同时克服了液压缓冲器制造比较复杂、密封困难及橡胶缓冲器吸收率低等缺点。

弹性胶泥缓冲器具有以下优点。

①容量大；②阻抗小；③结构简单；④性能稳定；⑤检修周期长。

项目 4　车辆转向架

知识点

轮对
轴箱装置
客车转向架
货车转向架

技能目标

掌握轮对的相关知识
掌握轴箱装置的相关知识
掌握客车转向架的相关知识
掌握货车转向架的相关知识

任务 4.1　轮　对

铁道车辆的轮轴通常指轮对及轴箱（油润）装置组成的整体结构。

轮对是车辆与钢轨接触的部分，由左右两个车轮压装在同一根车轴上。轮对的作用是保证铁道车辆在钢轨上运行和转向，承受来自车辆的全部静、动载荷并将其传递给钢轨，将因线路不平顺产生的载荷传递给车辆各零部件，另外，车辆的驱动和制动也是通过轮对起作用的。轴箱装置将轮对和构架紧密地联系在一起，防止热轴，保证车辆安全、可靠运行。

1. 车轴结构

车轴作为铁道车辆走行部中重要的组成部件，对车辆行车安全起着非常重要的作用。

我国铁道车辆的车轴最初装用滑动轴承（如 A、B、C、D 等型号的车轴），随着铁道车辆车轴由滑动轴承向滚动轴承转变，20 世纪 70 年代，RB_2、RC_2、RD_2、RE_2 等型号的车轴开始使用，从 1983 年起，我国铁道车辆的车轴已全部采用滚动轴承。21 世纪初，车轴型式逐渐增多，又出现了 RE_{2A}、RD_{3A} 等型号的车轴，其材质为 40 钢和 50 钢。为满足 70 t 级货车的需要，2005 年，我国设计了 RE_{2B} 型车轴，材质为 50 钢。

我国铁道车辆的车轴最初选用的材质为碳素结构钢，由于该钢中所含的硫、磷比优质碳素结构钢多，机械性能相对较差，从20世纪80年代开始，我国确定车轴材质采用专用优质碳素结构钢即40钢。随着科学技术的不断进步，考虑到40钢车轴技术性能的某些不足，我国又研发了50钢车轴，与40钢车轴相比，其允许工作应力有了显著提高，疲劳寿命延长了一倍以上。从2000年起，我国新制车轴已全部采用50钢。

由于我国早期车轴磨削设备落后，车轴只能采用轴颈根部带有卸荷槽的形式，随着磨削设备技术的不断进步，车轴又被设计成两种有卸荷槽（A、C型）和一种无卸荷槽（B型）形式。2005年，中车青岛四方车辆研究所有限公司设计出轴颈与防尘板座均采用无卸荷槽形式的RE_{2B}型车轴。无卸荷槽车轴的出现，极大地避免了有卸荷槽车轴在货车重载、高速运行时易在卸荷槽部位发生冷切事故的现象。

目前，车轴一般采用阶梯形、圆截面结构，分为非盘形轮对车轴（见图4-1）及盘形轮对车轴（见图4-2）。

轴颈是安装轴承的部位；防尘板座是轴颈和轮座之间的过渡部分，是用来安装后挡的部位；轮座是车轴与车轮相互结合的部位；轴身为车轴中间部分；中心孔是加工车轴或轮对踏面时，机床装夹车轴的位置；轴端螺栓孔用来安装轴端螺栓，轴承前盖可以通过轴端螺栓安装。

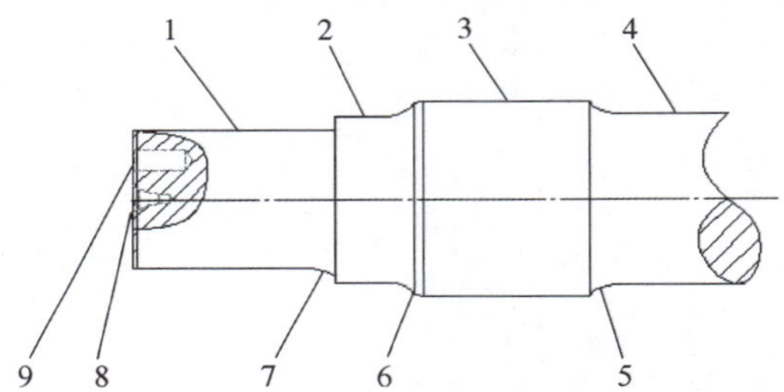

1—轴颈；2—防尘板座；3—轮座；4—轴身；
5—轮座后肩圆弧；6—轮座前肩圆弧；7—轴颈后肩圆弧；8—中心孔；9—轴端螺栓孔。

图4-1 非盘形轮对车轴

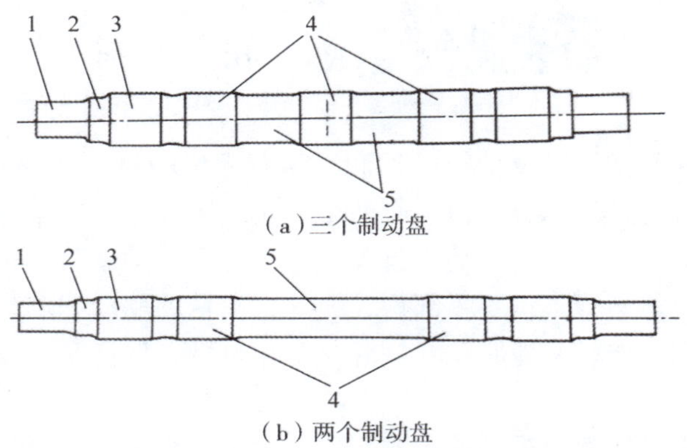

1—轴颈；2—防尘板座；3—轮座；4—制动盘座；5—轴身。

图4-2 盘形轮对车轴

车轴在运用过程中，主要承受4类载荷（因车辆自重及载重引起的垂向静载荷；因线路不平顺等引起车辆振动而产生的垂向动载荷；因车辆上的风力和离心力等引起的横向载荷；因横向载荷引起的轴颈上的垂向附加载荷）。由于车轴各部位承受的载荷不同，各部位截面直径都不相同。防尘板座直径一般应比轴颈大30 mm。为使轮座和轴身强度比较均衡，

轮座直径与轴身直径比值一般为1.12~1.15。

成品车轴轴颈、防尘板座及轮座表面尺寸（直径、圆度、圆柱度）及粗糙度都有严格的要求。轴颈直径不允许在全长范围内向轴颈端部方向逐渐增大，轮座直径不允许在全长范围内向轮座引入端逐渐增大。

2. 车轴型式、尺寸及标记

《铁道车辆轮对及轴承型式与基本尺寸》（TB/T 1010—2016）中规定了铁道车辆通用车轴的型号及基本尺寸。

1）轮对及车轴型号说明

轮对及车轴型号说明见表4-1。

表4-1　轮对及车轴型号说明

代号名称	代号组成	代号	说明
装用轴承类型	用一位字母表示	R	R表示滚动轴承
轴颈直径系列	用一位字母表示	C	轴颈直径120 mm
		D	轴颈直径130 mm
		E	轴颈直径150 mm
		F	轴颈直径160 mm
客货型	用一位阿拉伯数字表示	2	货车
		3	客车
		4	车轴带有加长端的客车
制动盘数（无制动盘的无此代号）	客车用一位字母表示	A或B	A—客车两盘；B—客车三盘
	货车用一位阿拉伯数字表示	2或3	2—货车两盘；3—货车三盘
改型系列（基本型无此代号）	客车用一位阿拉伯数字表示	1	客车改型
	货车用一位字母表示	A或B	货车改型

根据表4-1，RE_{2B}型车轴可理解为：该车轴为滚动轴承车轴，车轴型号为E型，轴颈直径为150 mm，运用于货车，B为相同轴重型号的车轴增加结构型式的顺序号。

2）车轴标记

如图4-3所示，在车轴两端面上，以轴端中心孔中心与轴端三个螺栓孔中心的假想线及其延长线将轴端分成三等份，形成三个扇区。

如图4-4所示，车轴标记须按规定刻打在某一扇区内，车轴标记包括车轴钢冶炼熔炼号、钢种标记、制造（锻造）单位代号、锻造年月、锻造顺序号（轴号）、方位标记、轴型标记、车轴制造超声波穿透探伤检查钢印标记、超声波穿透探伤工作者的责任钢印标记等。

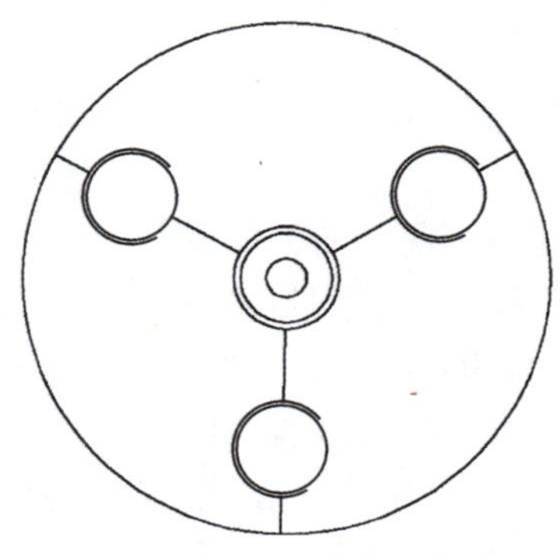

图4-3　车轴标记分区示意图

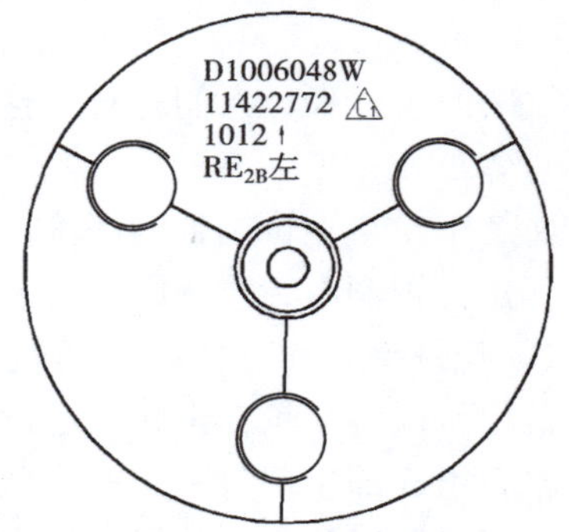

图4-4　车轴标记示意图

3. 车轮结构

车轮，同车轴一样，担负着车辆行走的重要任务，发挥着承载、导向、传递制动力和牵引力等作用。

车轮的结构、形状、尺寸、材质是多种多样的，按用途来分，车轮一般可分为整体轮和轮毂轮。轮毂轮一般是主要用于机车等的大型车轮，国外也有一些车辆采用带箍车轮，还有一些专利设计车轮（如“弹性车轮”“消音车轮”等）也采用了分体车轮。整体轮按其材质可分为整体辗钢车轮和整体铸钢车轮。

1）车轮类型

我国铁道车辆使用的车轮主要有整体辗钢车轮和整体铸钢车轮两种型式。

（1）整体辗钢车轮。辗钢车轮是用圆锭和圆坯经过热成形、热处理及机加工等流程制造而成的。

20 世纪 60 年代以前，我国使用的辗钢车轮都是进口的，20 世纪 60 年代初期，我国在国内没有任何车轮制造标准的情况下，按照冶金部、铁道部“两部协议”制造了 840D 型车轮，该型车轮一直采用斜辐板结构型式，踏面为锥形踏面，辐板为不加工的原始轧制表面，车轮辐板上设有两个工艺孔，该型车轮的缺陷是承受制动热负荷的能力较低，轮缘磨耗较严重，辐板孔应力集中比较严重，这些问题影响了铁路运输安全。1984 年，我国成功研制了 LM 磨耗型踏面，减轻了轮缘磨耗。1991 年，我国成功研制了 S 型辐板车轮，取消了车轮辐板孔，消除了因辐板孔边缘应力集中所带来的安全隐患。20 世纪 90 年代，我国最终定型了 HDS 型车轮，该型车轮采用 S 型辐板车轮，轮辋厚度为 65 mm。为了减轻簧下质量，我国设计了轮辋厚度为50 mm的车轮，如 HDS_A 型、HES_A 型车轮，其辐板均为 S 型，且轮辋、轮毂厚度和车轮质量小。

整体辗钢车轮在综合性能、力学性能、金属利用率和使用寿命方面均优于铸钢车轮。

（2）整体铸钢车轮。铸钢车轮是用钢水直接浇铸而成的。

我国铸钢车轮生产起步较晚，20 世纪 90 年代，铁道部从美国引进铸钢车轮制造技术，开始在我国生产铸钢车轮。早期铸钢车轮的型号为 840HZD。为了减轻车轮重量，我国相继设计出 HDZA 型、HDZB 型、HDZC 型车轮。2003 年，我国设计出 HEZB 型车轮，2006 年，又设计出 HDZD 型、HEZD 型车轮等新型车轮。目前，我国 21 t 轴重货车主要使用 HDZD 型车轮，25 t 轴重货车主要使用 HEZD 型车轮。

铸钢车轮具有质量稳定、踏面耐磨性好、生产成本低及安全可靠等优点，但其塑性、韧性等指标劣于辗钢车轮。

2）结构

自铁路产生以来，人们就对车轮进行了不断的完善、改造。现应用最广的车轮结构示意图如图 4-5 所示。

踏面是车轮与钢轨接触的部位；轮辋是车轮沿踏面圆周的厚度部分，是车轮运行过程中的磨耗部位；轮辋内、外侧面都属于车轮轮辋；辐板是轮辋与轮毂的连接部分；轮毂位于车轮中央，与辐板相连；轮毂孔是车轮与车轴相配合的部位。轮缘是车轮踏面上靠内侧的凸起部分，是用于保持车轮在钢轨上运行，使车辆转弯并防止其脱轨的部位。

车轮各组成部位都有一定的形状及尺寸要求（如踏面、辐板等的形状，车轮轮径、轮辋厚度、轮缘厚度及高度等尺寸），任何一个部位的形状或尺寸发生变化，都将极大地影响车轮的强度及使用性能。

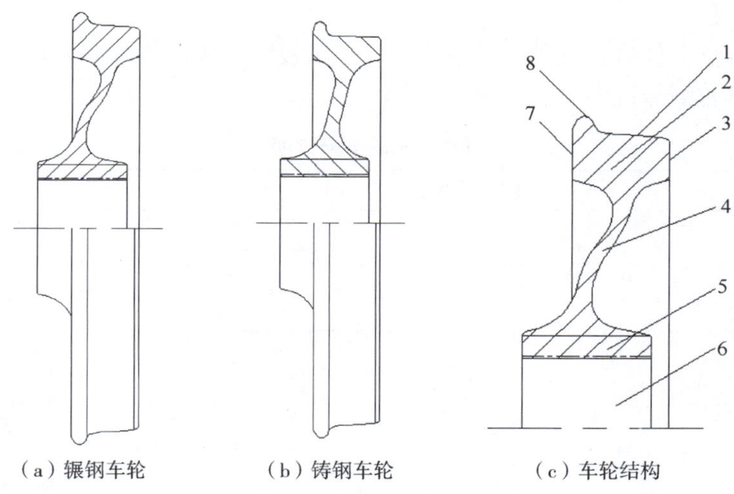

（a）辗钢车轮　　（b）铸钢车轮　　（c）车轮结构

1—踏面；2—轮辋；3—轮辋外侧面；4—辐板；5—轮毂；
6—轮毂孔；7—轮辋内侧面；8—轮缘。

图 4-5　现应用最广的车轮结构示意图

车轮直径小，可以降低车辆重心，提升车辆动力学性能，增大车体容积，减小车辆簧下质量，但阻力增加，又将增大轮轨的接触应力，增加车轮磨耗，而且，小直径车轮通过轨道凹陷和接缝处对车辆振动的影响将会加大，由此可见，车轮直径的大小，对车辆的运行有很大的影响。目前，国内 21 t、25 t 轴重货车及客车大多采用 840 mm 直径车轮，27 t、30 t 轴重货车及某些动车组车辆一般采用 915 mm 直径车轮。

轮辋宽度尺寸是由车轮和钢轨的搭接量来决定的。只有选取足够的轮轨搭接量，才能保证轮对不脱轨，但轮辋过宽，又将增加车轮自身重量，因此，必须选择合适的轮辋宽度尺寸。目前，铁道车辆轮辋宽度为 135~140 mm。

我国铁道车辆采用的踏面为 LM 磨耗型踏面，该种踏面是在锥形踏面的基础上不断改进、完善形成的。通过多年的运用检验，事实证明，磨耗型踏面可明显减少轮与轨的磨耗，延长车轮的使用寿命，减少车轮检修时修复踏面需镟除的材料，保证车辆直线运行的横向稳定性，改善列车通过曲线的性能。

车轮报废的主要原因是车轮踏面镟修而不是磨耗。在轮辋到限厚度一定的前提下，适当增加轮辋厚度，可以延长车轮使用寿命，减少车轮和轴承退卸次数；但轮辋越厚，车轮质量越大。

轮毂厚度和宽度影响到轮轴紧固度，在保证轮轴紧固度的前提下，轮毂厚度和宽度应尽可能小，以降低车轮质量。

辐板形状对车轮的强度和刚度影响很大，好的辐板形状可以在不增加车轮质量的情况下大幅度地提高结构的强度、改善结构的刚度。

成品车轮轮毂孔表面尺寸（直径、圆度、圆柱度）及粗糙度有明确的要求。轮毂孔直径不允许在全长范围内向车轮外侧端逐渐增大。

4. 车轮型式及标记

《铁道车辆轮对及轴承型式与基本尺寸》（TB/T 1010—2016）中规定了铁道车辆通用车轮的型号及基本尺寸。

1）车轮型号说明

车轮命名由客货型代号、轴颈直径系列代号、辐板型式代号或制造方式代号及改型系列代号依次组成，车轮型号说明见表 4-2。

表 4-2　车轮型号说明

代号名称	代号组成	代号	说明
客货型	用一位至两位字母表示	H	货车
		K	客车
		KK	客车快速
轴颈直径系列	用一位字母表示	C	轴颈直径 120 mm
		D	轴颈直径 130 mm
		E	轴颈直径 150 mm
		F	轴颈直径 160 mm
辐板型式或制造方式	用一位字母表示	S	S 型辐板（辗钢）
		Z	铸造
改型系列	用一位字母表示	A、B、C 或 D	改型

根据表 4-3，HESA 型车轮可理解为：该车轮为货车车轮，型号为 E 型，所装配车轴轴颈直径为 150 mm，辐板型式为 S 型，A 为相同轴重型号的车轮增加结构型式的顺序号。

2）车轮标记

（1）辗钢车轮标记。辗钢车轮标记包括：制造年月；制造单位代号；车轮钢种代号；车轮型号；熔炼炉罐号（视具体情况）；车轮顺序号；检验人员标记。

如图 4-6 所示，标记示例：1412　TZ Ⅱ HESA　220436 ⚠。

（2）铸钢车轮标记。铸钢车轮标记包括：制造年月；制造单位代号；车轮钢种代号；铸钢车轮代号；车轮型号；车轮顺序号。

如图 4-7 所示，标记示例：07　02　CO　B　Z　HDZD　001456。

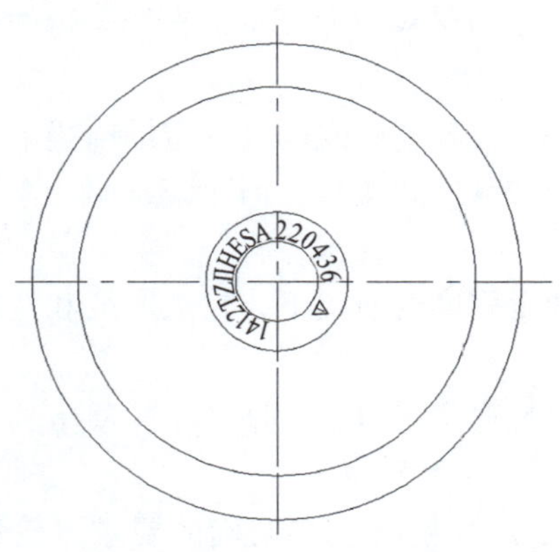

图 4-6　辗钢车轮标记示例图

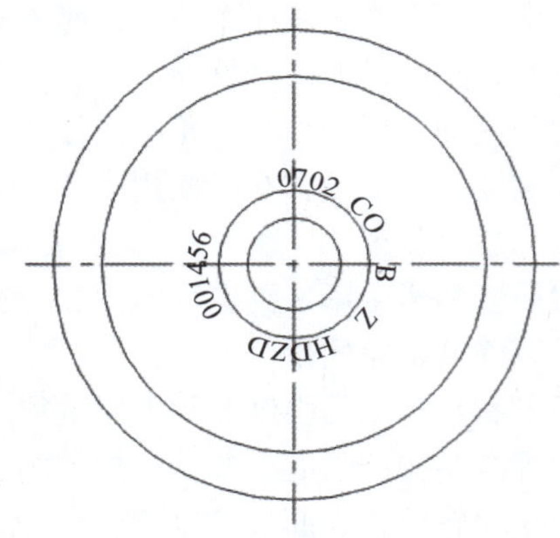

图 4-7　铸钢车轮标记示例图

5. 轮对基础知识

轮对是转向架中的重要部件之一，它的结构、材质和技术状态的好坏对车辆能否安全、平稳地运行具有十分重要的作用。

铁道车辆轮对由一根车轴和两个车轮组成。车轴、车轮采用过盈配合方式，组装过程由计算机控制。

轮对组装质量对车辆行驶安全有着决定性的作用，因此，车轴和车轮必须牢固结合在一起。车轮和车轴由轮对压装机压装成轮对后，压装压力曲线、轮位差及轮对内距是判定轮对压装合格与否的重要依据。压装压力曲线由压装设备自动记录。轮位差是指同一轮对两轴肩至车轮轮辋内侧面的距离之差的绝对值。轮对内距是指同一轮对两车轮轮辋内侧面之间的距离。

(1) 轮对型式。

轮对型号由装用轴承类型代号、轴颈直径系列代号、客货型代号、制动盘数代号及改型系列代号依次组成，如 RE_{2B} 型轮对。

(2) 轮对标记。轮对由车轴与车轮组装完成后，须在车轴端面刻打轮对组装标记，轮对组装标记包括：轮对组装单位标记（轮对组装单位代号）、轮对组装时间。

轮对第一次组装标记须在车轴制造标记所处扇区按顺时针方向排列的下一个扇区内刻打，轮对标记示意图如图 4-8 所示，轮对第一次组装标记须永久保留。

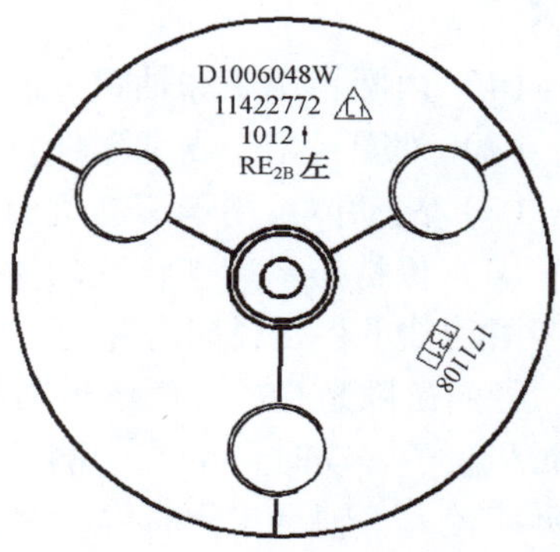

图 4-8 轮对标记示意图

轮对再次组装时，组装标记在轮对第一次组装标记所处扇区按顺时针方向排列的下一个扇区内刻打，左端打满后在右端刻打，依次类推。各扇区均打满后，依次选择第二次及以后各次组装标记中可不保留者，将该扇区的所有标记全部磨除，重新刻打组装标记。

任务 4.2 轴箱装置

在铁道机车和车辆上，套在轴颈上，连接轮对和转向架构架的部件，称为轴箱装置。轴箱装置是铁道车辆的重要组成部分，其主要作用是连接轮对与构架，传递牵引力、横向力和垂直力，实现轮对与构架间的垂直运动和横向运动。

目前我国铁道车辆基本上全部使用滚动轴承轴箱装置。

1. 滚动轴承

滚动轴承借助滚动体的滚动摩擦实现传导和滚动，其具有摩擦阻力小、功率消耗小的优点，可以支承、旋转轴，引导轴转动或移动，并可承受由轴或零件传递来的载荷。

滚动轴承如图 4-9 所示。

1) 滚动轴承的结构

轴承一般由内圈、外圈、滚动体、保持架四部分构成。

滚动轴承的组成如图 4-10 所示。

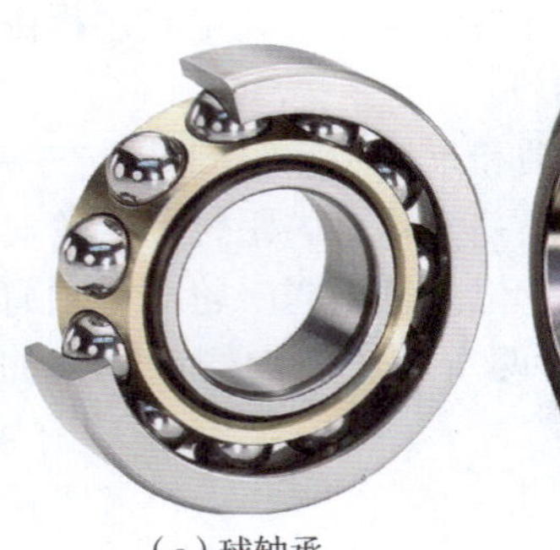
(a) 球轴承

(b) 滚子轴承

图 4-9　滚动轴承

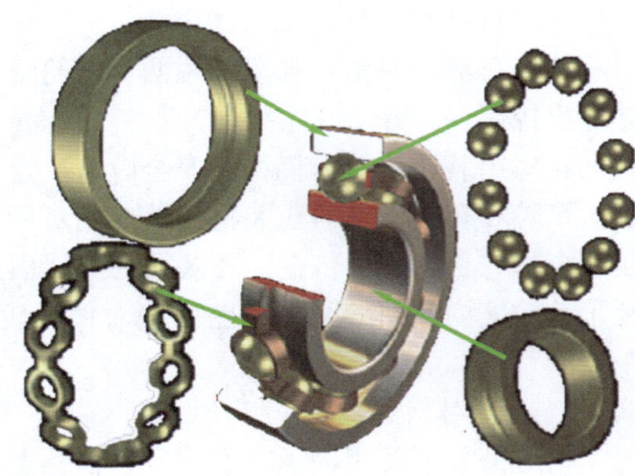
图 4-10　滚动轴承的组成

(1) 内圈：用于和轴颈过盈配合，内圈的内径为滚动轴承的重要技术指标。

(2) 外圈：用于支承零件。

(3) 滚动体：用于滚动接触，分为滚子滚动体、球滚动体等。

(4) 保持架：用于将滚动体分开，保证滚动体的正常工作。

滚动轴承存在径向游隙与轴向游隙，以保证滚动体能够自由转动。

径向游隙是指内外圈滚道与滚子之间的内部间隙，是在轴承自由状态下，当外圈不动，内圈和滚子转动时，每 120°测量一次，共测量 3 次的数据的算术平均值。由于铁道车辆轴承负荷较大，轴承工作时内外圈温差较大，因此车辆轴承的径向游隙比机械轴承要大，例如圆柱轴承的径向游隙一般为 0. 12～0. 17 mm。径向游隙过小，导致滚子与外圈滚道发生摩擦，径向游隙过大，导致滚子偏载，会缩短轴承寿命。径向游隙如图 4-11 所示。

轴向游隙是指轴承内外圈沿其轴线的相互位移量，其作用是避免滚子端部与内外圈挡边的摩擦，保证轴承在转向架倾斜或轮对蛇行运动时正常工作，防止车辆通过曲线时滚子被卡住。单个圆柱轴承的轴向游隙一般为 0. 4～0. 7 mm，成对圆柱轴承的轴向游隙定为 0. 8～1. 4 mm。轴向游隙如图 4-12 所示。

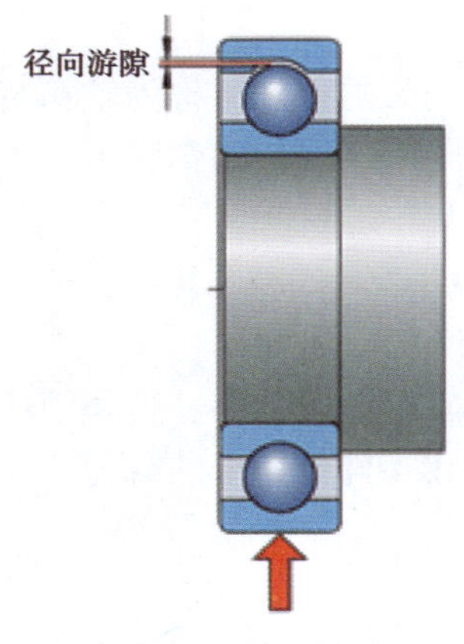

图 4-11　径向游隙

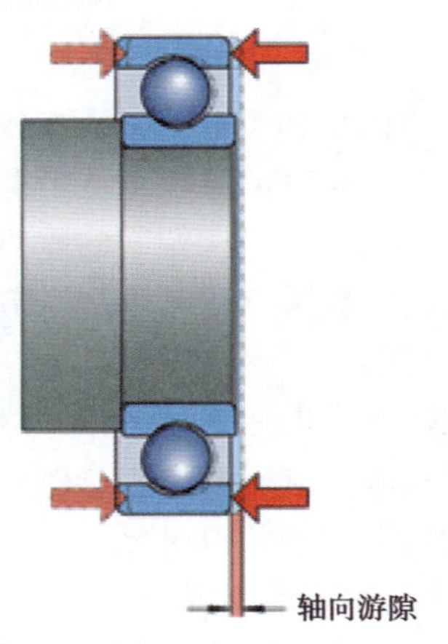

图 4-12　轴向游隙

2）轴承代号

按照《滚动轴承　代号方法》（GB/T 272—2017）规定，轴承代号由前置代号、基本代号、后置代号依次组成，基本代号表示轴承的基本类型、结构和尺寸，是轴承代号的基础部分，前置代号与后置代号是轴承结构型式、尺寸、技术要求有改变时的补充代号，轴承代号组成见表 4-3。

表 4-3　轴承代号组成

<table>
<tr><td colspan="12">轴承代号</td></tr>
<tr><td>前置代号</td><td colspan="3">基本代号</td><td colspan="8">后置代号</td></tr>
<tr><td rowspan="2">成套轴承分部件</td><td rowspan="2">类型代号</td><td>尺寸代号</td><td>内径代号</td><td>1</td><td>2</td><td>3</td><td>4</td><td>5</td><td>6</td><td>7</td><td>8</td></tr>
<tr><td colspan="2">配合安装代号</td><td>内部结构</td><td>密封与防尘套圈</td><td>保持架及材料</td><td>轴承材料</td><td>公差等级</td><td>游隙</td><td>配置</td><td>其他</td></tr>
</table>

常见轴承类型代号、尺寸代号示例见表 4-4。

表 4-4　常见轴承类型代号、尺寸代号示例

轴承类型	类型代号	尺寸代号	举例
双内圈双列圆锥滚子轴承	35		350000
双外圈双列圆锥滚子轴承	37		370000
内圈无挡边圆柱滚子轴承	NU	23	NU2300
内圈单挡边圆柱滚子轴承	NJ	23	NJ2300
内圈单挡边并带平挡圈圆柱滚子轴承	NUP	23	NUP2300
双列圆柱滚子轴承	NN	30	NN3000
内圈无挡边但带平挡圈圆柱滚子轴承	NJP		NJP0000
无挡边的圆柱滚子轴承	NB		NB0000

尺寸代号：尺寸代号由宽度系列代号和直径系列代号构成，宽度系列指对应同一轴承内径的宽度尺寸系列，直径系列指对应同一轴承内径的外径尺寸系列。

宽度尺寸系列如图 4-13 所示。

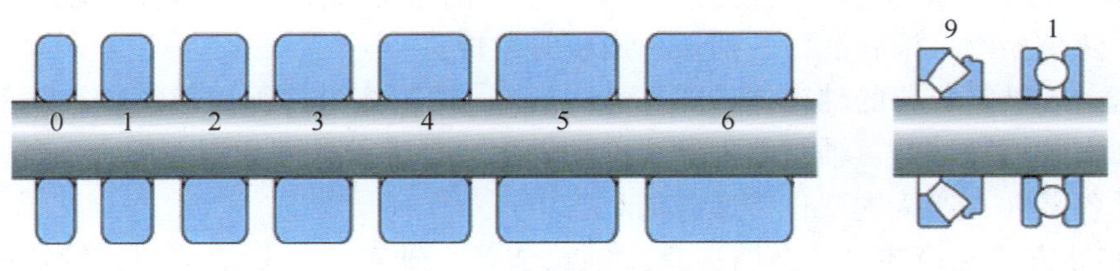

图 4-13　宽度尺寸系列

外径尺寸系列如图 4-14 所示。

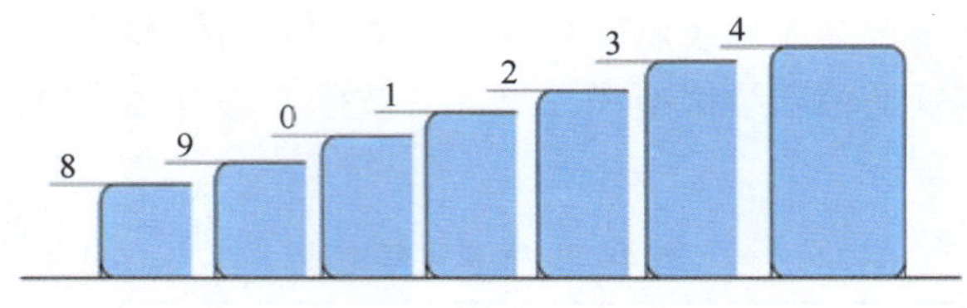

图 4-14　外径尺寸系列

内径代号说明见表 4-5。

表 4-5　内径代号说明

<table>
<tr><th colspan="2">轴承公称内径/mm</th><th>内径代号</th><th>举例</th></tr>
<tr><td colspan="2">0. 6~10</td><td>用公称内径数直接表示，并用“/”与尺寸代号隔开</td><td>深沟球轴承
618/2. 5　d=2. 5</td></tr>
<tr><td colspan="2">1~9 的整数</td><td>用公称内径数直接表示，并用“/”与尺寸代号隔开</td><td>深沟球轴承 625
618/5　d=5</td></tr>
<tr><td rowspan="4">10~17</td><td>10</td><td>00</td><td rowspan="4">深沟球轴承
6200　d=10</td></tr>
<tr><td>12</td><td>01</td></tr>
<tr><td>15</td><td>02</td></tr>
<tr><td>17</td><td>03</td></tr>
<tr><td colspan="2">20~480（除 22/28/32）</td><td>公称内径 5 的商数，为个位数时，需要在商数左边加“0”</td><td>调心滚子轴承
23208　d=40</td></tr>
<tr><td colspan="2">≥500 及 22/28/32</td><td>用公称内径数直接表示，并用“/”与尺寸代号隔开</td><td>调心滚子轴承
230/500　d=500</td></tr>
</table>

以我国货车使用的轴承代号 353130 为例，35 是指轴承类型为双内圈双列圆锥滚子轴承；31 表示轴承宽度系列代号为 3，直径系列代号为 1；30 表示轴承内径为 150 mm。

2. 轴箱装置基本结构

我国铁道车辆滚动轴承轴箱装置的结构依据转向架的类型而有所不同，所用轴承的类型也不同。

（1）客车轴箱装置。

① 橡胶密封式轴箱装置。橡胶密封式轴箱装置的结构如图 4-15 所示，轴箱装置由轴箱体、后盖、防尘挡圈、橡胶油封、前盖、压板等组成。

橡胶密封式轴箱装置的轴箱体如图 4-16 所示，轴箱体为铸钢筒形结构，两侧铸有弹簧托盘，用来安装轴箱弹簧；轴箱筒内安装滚动轴承，与轴承外圈为间隙配合，其主要作用是组装、支承各零件，连接构架，传递载荷。

② 金属迷宫式轴箱装置。金属迷宫式轴箱装置由轴箱体、防尘挡圈、轴箱前盖、压板等组成，其中轴箱前盖、压板与橡胶密封式轴箱装置通用。

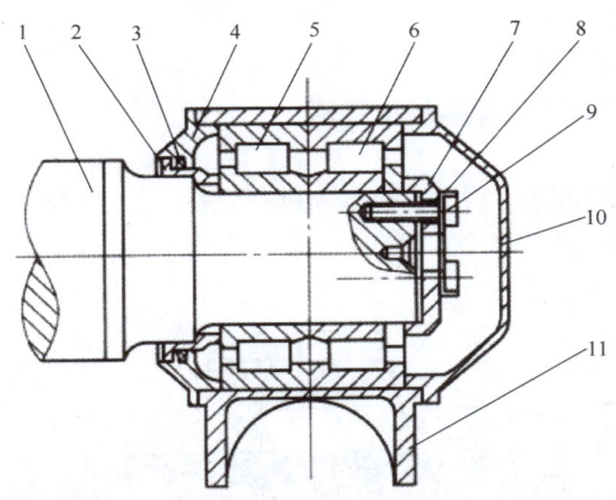

1—车轴；2—防尘挡圈；3—橡胶油封；4—轴箱后盖；5—42726T 轴承；6—152726T 轴承；7—压板；8—防松片；9—螺栓；10—轴箱前盖；11—轴箱体。

图 4-15　橡胶密封式轴箱装置的结构

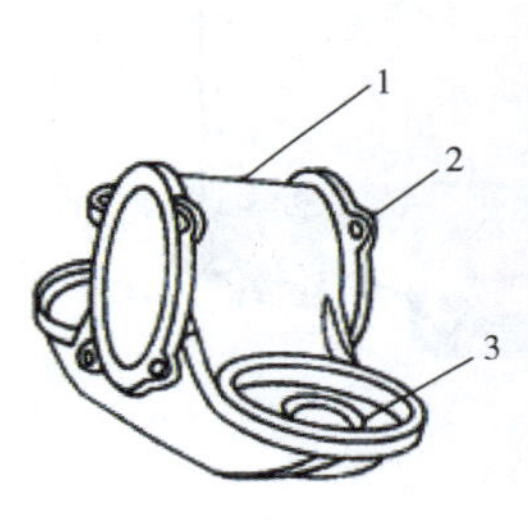

（a）示意图

（b）实物图

1—轴箱筒；2—轴箱耳；3—弹簧托盘。

图 4-16　橡胶密封式轴箱装置的轴箱体

金属迷宫式轴箱装置的轴箱体后端不设轴箱耳，因为没有轴箱后盖，而设有迷宫槽，其与防尘挡圈的迷宫槽配合起密封作用，并在后端筒内设有台阶，用于支承轴承外圈。

金属迷宫式轴箱装置的防尘挡圈安装在车轴防尘板座上，与车轴过盈配合，外圆设有迷宫槽，与轴箱体上的迷宫槽配合。轴箱后部的密封是靠轴箱与防尘挡圈形成很小间隙的迷宫槽配合，起到密封作用，为无接触式密封。

③ 圆锥滚子轴承轴箱装置。

我国 25T 型客车中的 AM96 型转向架是从法国进口的转向架，其采用圆锥滚子轴承轴箱装置，1、3、5、7 位安装速度传感器，2、8 位安装接地装置，4、6 位为菱形轴箱盖。

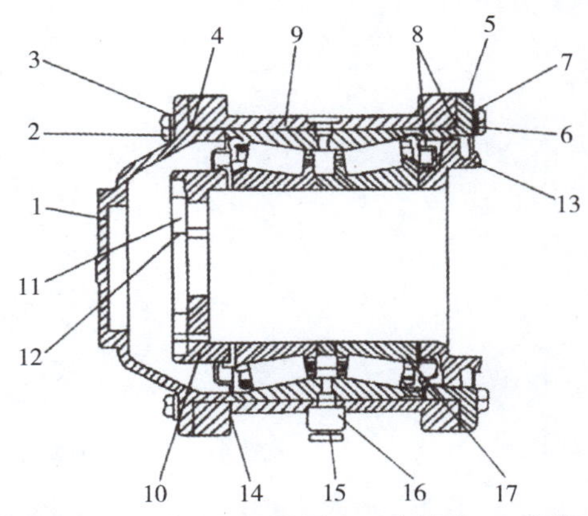

1—轴箱前盖；2—螺栓；3—垫圈；4—密封圈；5—轴箱后盖；6—螺栓；7—垫圈；8—密封圈；9—轴箱体；10—压板；11—螺栓；12—防松片；13—后挡；14—密封圈；15—润滑器；16—注油装置；17—轴承内圈。

图 4-17　圆锥滚子轴承轴箱装置

圆锥滚子轴承轴箱装置如图 4-17 所示，圆锥滚子轴承轴箱装置由轴箱前盖、螺栓、密封圈、轴箱后盖、轴箱体、压板、防松片、后挡、润滑器、注油装置和轴承内圈等组成。

④ 轴箱标志板。轴箱装置组装完成后应安装施封锁，并在车轴左端面右上角安装轴箱标志板。轴箱标志板上应该按规定刻打轮对轴号、组装单位代号、组装时间。

（2）货车轴箱装置。

货车轴箱装置一般不使用轴箱体，货车轴箱装置如图 4-18 所示，其结构主要包括滚子、后挡、轴箱前盖、防松片等。

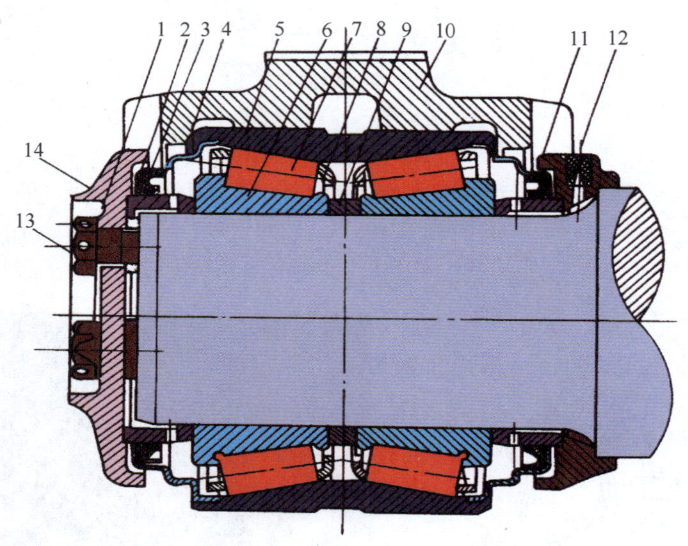

1—螺栓；2—盖板；3—密封座；4—密封罩；5—外圈；6—内圈；7—滚子；8—保持架；9—中隔圈；10—承载鞍；11—后挡；12—通气栓孔；13—防松片；14—轴箱前盖。

图 4-18　货车轴箱装置

无箱体的双列圆锥滚子轴承轴箱标志板如图 4-19 所示，其分为 A、B、C、D 四栏，车轴左端与右端轴箱标志板内容不同。轴箱标志板内容见表 4-6。

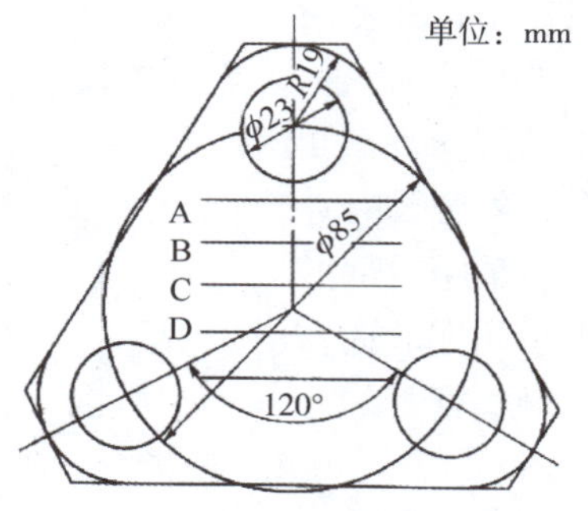

图 4-19　无箱体的双列圆锥滚子轴承轴箱标志板

表 4-6　轴箱标志板内容

左端		右端	
A	轴承首次装用年月，轴承分类代号，轴承制造/大修单位代号，轴承等级标记	A	轴承首次装用年月，轴承分类代号，轴承制造/大修单位代号，轴承等级标记
B	轮对第一次组装年月日，“左”，轴号	B	轮对最后一次组装年月日，轮对组装单位代号
C	轴承本次装用年月日	C	轴承本次装用年月日
D	轴承本次装用单位代号，一般检修标记	D	轴承本次装用单位代号，一般检修标记

（1）标志板上的标记使用钢印刻打或者激光刻写，字体高 5 mm，行距 3 mm，右端 B 栏不同内容间空两个字的距离，“A”“B”“C”“D”不刻打在标志板上。

（2）轴承分类代号有两类：新造用等边三角形表示，大修用圆形表示，分类代号内部刻打单位代号。

（3）新造轴承或者大修轴承首次装用时，D 栏内只刻打轴承本次装用单位代号；若轴承经过一般检修并压装，在本次装用单位代号后刻打一般检修标记，用菱形框表示，内部刻打单位代号。

（4）等级轴承装用时，必须在 A 栏首次装用时间后增加刻打等级标记“K_1”“K_2”。

（5）滚动轴承装用在加冰冷藏车上时，必须在 C 栏后刻打“B”字标记。

（6）197720 型与 197730 型滚动轴承可不刻打轴承分类代号。

任务 4.3 转向架

转向架是一种能相对车体转动的走行装置，其引导车辆沿钢轨行驶，承受来自车体及线路的各种载荷并缓和作用力。转向架是铁道车辆结构中最重要的部件之一，作为支撑车体并担负走行任务的部分，其制造工艺、生产技术、指标参数等都有着极其严格的要求，转向架结构是否合理对铁道车辆的安全运行有着决定性的影响，其主要作用如下。

（1）增加车辆的载重、长度与容积，提高列车运行速度，以满足铁路运输发展的需要。

（2）保证在正常运行条件下，车体能可靠地坐落在转向架上，通过轴承装置使车轮沿钢轨的滚动转化为车体沿线路运行的平动。

（3）支撑车体，承受并传递从车体至车轮之间或从轮轨至车体之间的各种载荷及作用力，并使轴重均匀分配。

（4）保证车辆安全运行，能灵活地沿直线线路运行及顺利地通过曲线。

（5）转向架的结构要便于弹簧减振装置的安装，使之具有良好的减振特性，以缓和车辆和线路之间的相互作用，减少振动和冲击，减小动应力，提高车辆运行平稳性和安全性。

（6）充分利用轮轨之间的黏着，传递牵引力和制动力，放大制动缸所产生的制动力，使车辆具有良好的制动效果，以保证在规定的距离内停车。

转向架是车辆的一个独立部件，在转向架与车体之间应尽可能减少连接件。

1. 客车转向架

1）客车转向架的特点

客车转向架与货车转向架的基本作用有所差异，因此两者在结构上也存在不同。客车转向架不仅要保证旅客运输的安全性、平稳性，还要考虑旅客乘坐舒适度及运行速度，而货车转向架则需要应对重载、提速的要求。

针对客车转向架的应用情况，除了基本参数及结构外，设计者还对其提出了以下要求。

（1）转向架应轻量化，尽量减少簧下质量，减少运行阻力，从而实现转向架的高速运行。

（2）转向架应具有多重减振装置，以改善客车的动力学性能，提高旅客乘坐舒适度。

（3）转向架应具有降低噪声、吸收高频振动的能力，应广泛采用空气弹簧与橡胶制品，从而减少环境污染。

（4）转向架应具有优异的制动性能，采用盘形制动、电制动等方式，具备平稳、安全且制动效率高的特点。

（5）转向架整体结构应简化，以便于检修、降低成本。

客车转向架自产生以来，在结构上发生了较大的变化，下面介绍部分客车转向架的相关情况。

2）典型客车转向架的结构

（1）209P 型转向架。

209P（P 指的是盘形制动）型转向架是中车南京浦镇车辆有限公司研发制造的，是目前非常成熟的定型客车转向架，它是在 209T（T 指的是踏面制动）型转向架基础上改进而来的。为适应铁路提速的要求，209P 型转向架采用了盘形制动的基础制动装置，早期的 209P 型转向架还加装了踏面清扫装置，目前运用中的 209P 型转向架基本取消了这一装置。

209P 型转向架的主要技术参数见表 4-7。

表 4-7　209P 型转向架的主要技术参数

项目	指标
最高运行速度/（km/h）	140
轨距/mm	1 435
轮型及轮径/mm	PD 型 A 级整体辗钢轮，915
轴承	圆柱滚子轴承 NJ（P）3226X1
通过最小曲线半径/m	正线 145；缓行调车 100
固定轴距/mm	2 400
基础制动装置	单元式盘形制动
自重时下心盘面距轨面高度/mm	780
自重时下旁承面距轨面高度/mm	970

209P 型转向架的结构如图 4-20 所示。

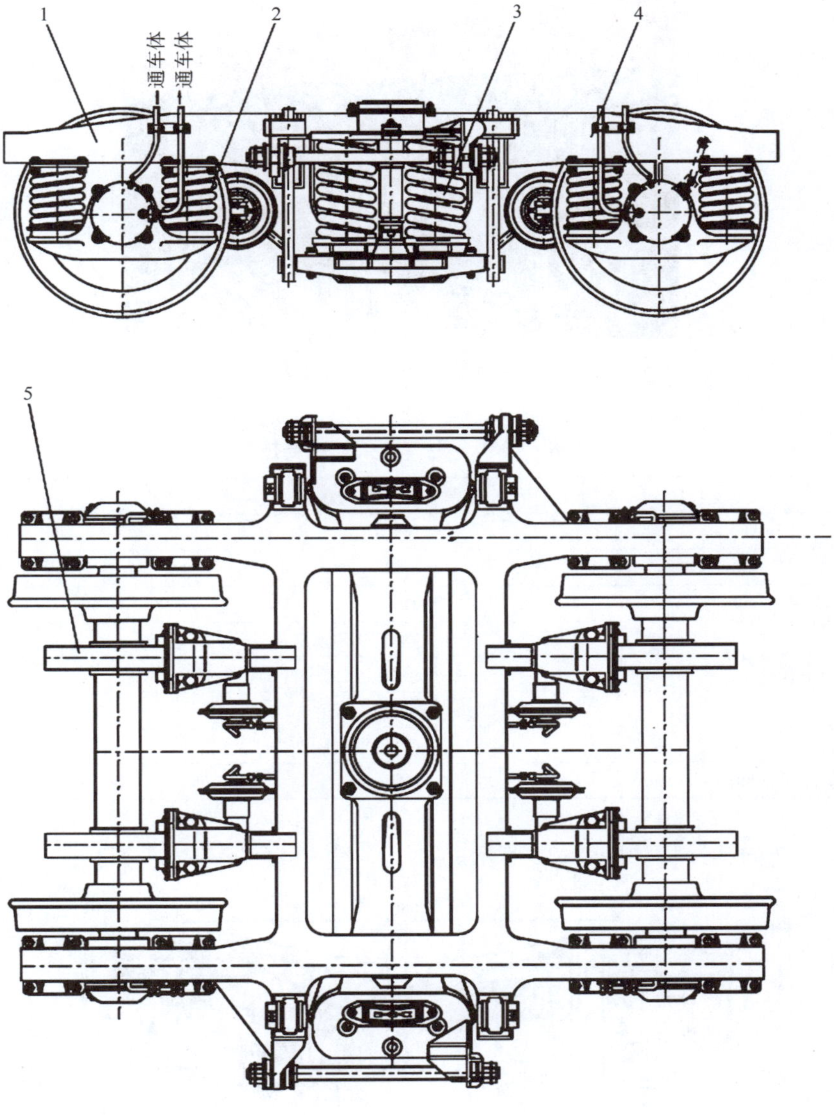

1—构架；2—轮对轴箱定位装置；3—中央悬挂装置；4—轴温报警器；5—基础制动装置。

图 4-20　209P 型转向架的结构

209P 型转向架实物如图 4-21 所示。

（2）206KP 型转向架。

206KP 型转向架为无摇动台结构，是中车青岛四方机车车辆股份有限公司在 206 型转向架的基础上，吸收了国内外客车转向架的优点研制而成的快速客车转向架。206KP 型转向架中的 K 代表空气弹簧，P 代表盘形制动，其属于 U 形焊接构架系列转向架。206KP 型转向架二系悬挂为空气弹簧悬挂，并设有抗侧滚扭杆装置。

206KP 型转向架的主要技术参数见表 4-8。

图 4-21　209P 型转向架实物

表 4-8　206KP 型转向架的主要技术参数

项目	指标
最高运行速度/（km/h）	160
轨距/mm	1 435
轮径/mm	915
轴承	进口 SKF 轴承
通过最小曲线半径/m	正线 145；缓行调车 100
固定轴距/mm	2 400
基础制动装置	单元式盘形制动+防滑器
自重时下旁承面距轨面高度/mm	960

206KP 型转向架结构如图 4-22 所示。

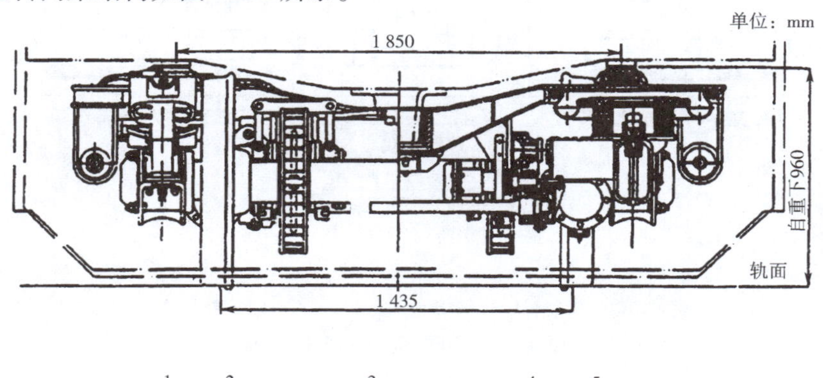

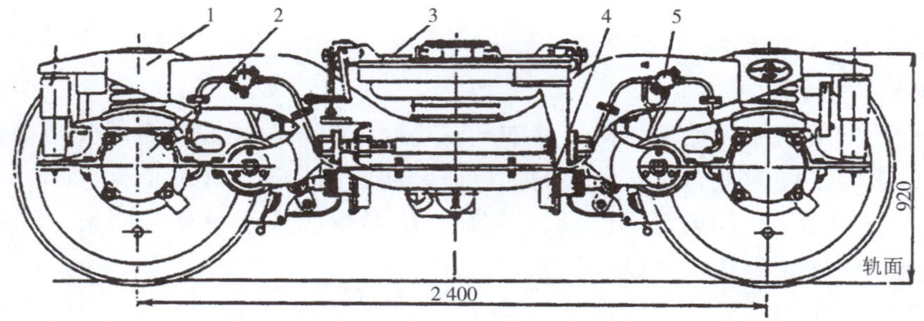

1—构架；2—轴箱装置；3—中央悬挂装置；4—基础制动装置；5—轴温报警器。

图 4-22　206KP 型转向架结构

206KP 型转向架实物如图 4-23 所示。

图 4-23　206KP 型转向架实物

（3）CW-200K 型转向架。

CW-200K 型转向架是 CW 系列转向架中的提速型转向架，“CW”是中车长春轨道客车股份有限公司的缩写，其中“C”代表长春，“W”代表车辆工厂，“200”代表速度等级。由于该转向架采用无摇枕、无摇动台、无旁承的三无结构，因此其结构简单，维修方便。

CW-200K 型转向架的主要技术参数见表 4-9。

表 4-9　CW-200K 型转向架的主要技术参数

项目	指标	项目	指标
最高运行速度/（km/h）	160	固定轴距/mm	2 500
轨距/mm	1 435	基础制动装置	单元式盘形制动
轮型及轮径/mm	KKD 型整体辗钢轮，915	空气弹簧中心跨距/mm	2 000
轴承	SKF 轴承	空气弹簧上平面自重高/mm	937
通过最小曲线半径/m	正线 145；缓行调车 100		

CW-200K 型转向架结构如图 4-24 所示。

CW-200K 型转向架实物如图 4-25 所示。

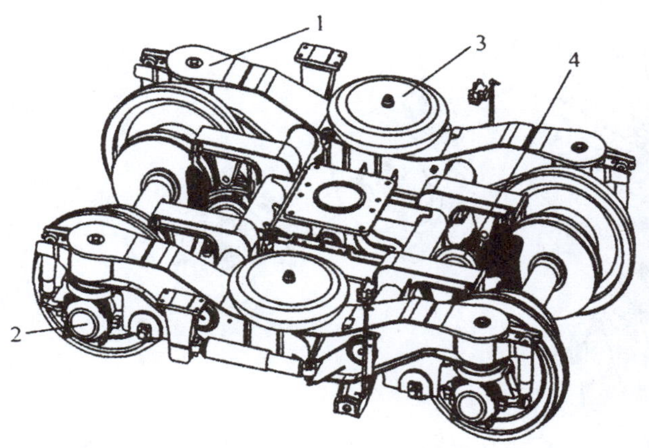

1—构架；2—轴箱装置；3—中央悬挂装置；4—基础制动装置。

图 4-24　CW-200K 型转向架结构

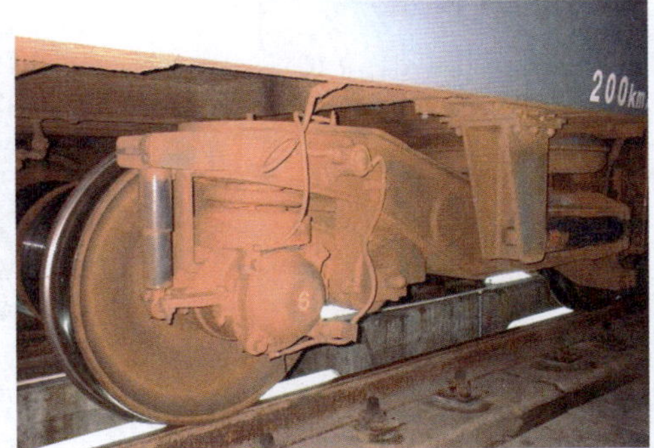

图 4-25　CW-200K 型转向架实物

① 构架。

构架为 H 形焊接结构，由两根侧梁与两根横梁组成，两根横梁之间设有纵向梁。侧梁为中部下凹的鱼腹形，侧梁内腔为空气弹簧的附加空气室。通过优化设计，在保证足够强度和刚度的基础上，CW-200K 型转向架实现了轻量化。

CW-200K 型转向架构架结构如图 4-26 所示。

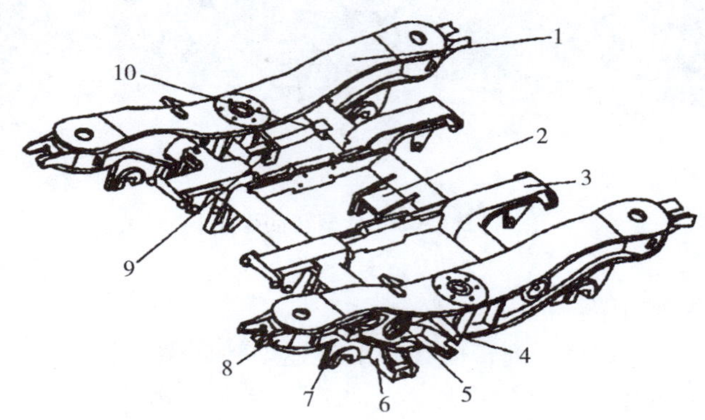

1—构架；2—牵引座；3—制动单元吊座；4—抗蛇行减振器座；5—高度控制阀；6—防过充座；7—定位座；8—垂向（油压）减振器座；9—横向（油压）减振器座；10—差压阀座。

图 4-26　CW-200K 型转向架构架结构

② 轮对及轴箱装置。

CW-200K 型转向架采用 KKD 型整体碾钢车轮，采用转臂式定位方式，轴箱转臂一端与轴箱体相连，另一端压装于定位节点，并通过定位座与构架相连。轴箱定位的纵向、横向刚度靠橡胶节点保证，转臂与夹紧箍整体加工，分解时，将箍和转臂间的螺栓拧开，即可将轮对推出。

CW-200K 型转向架轮对及轴箱装置如图 4-27 所示。

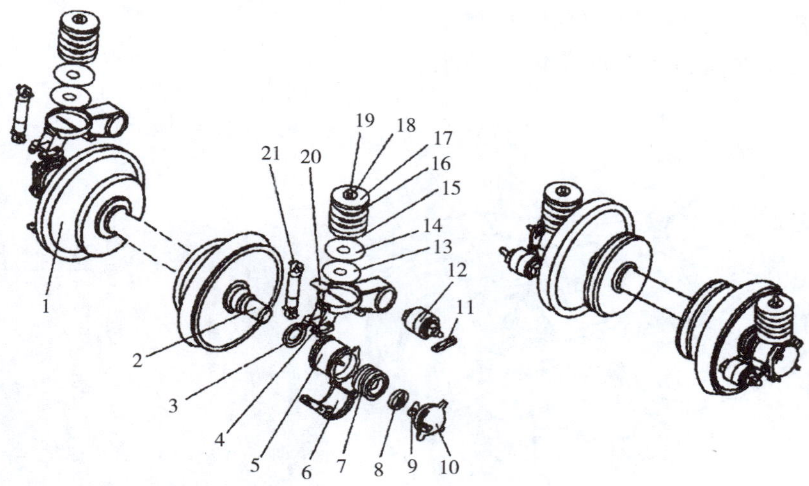

1—车轮；2—车轴；3—防尘挡圈；4—转臂；5—轴箱；6—夹紧箍；7—轴承；8—压板；9—防松片；10—轴箱前盖；11—锁紧板；12—节点；13—橡胶垫；14—调整垫；15—下夹板；16—弹簧；17—上夹板；18—螺母；19—螺栓；20—吊；21—轴箱减振器座。

图 4-27　CW-200K 型转向架轮对及轴箱装置

③ 中央悬挂装置。

如图 4-28 所示，CW-200K 型转向架中央悬挂装置由横向减振器、差压阀、空气弹簧、抗蛇行减振器、高度控制阀、抗侧滚扭杆等组成。

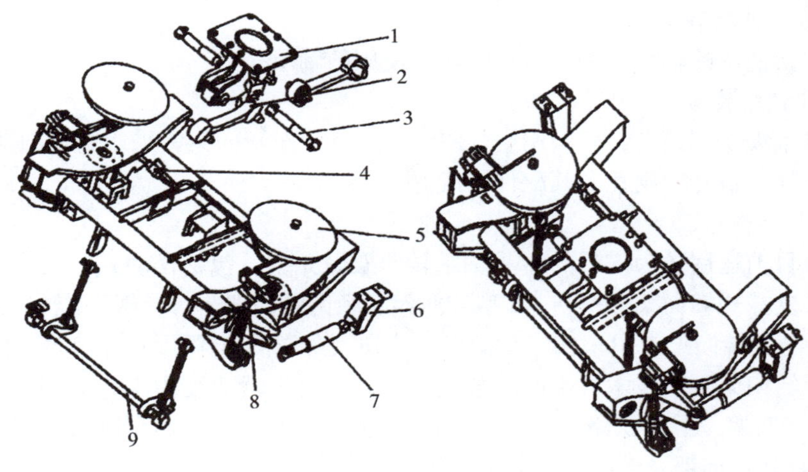

1—牵引支座；2—牵引拉杆；3—横向减振器；4—差压阀；5—空气弹簧；6—减振器座；7—抗蛇行减振器；8—高度控制阀；9—抗侧滚扭杆。

图 4-28　CW-200K 型转向架中央悬挂装置

CW-200K 型转向架采用无摇枕、无摇动台、无旁承的结构，使用高柔性空气弹簧，横向变位可达 110 mm 以上，车辆通过曲线时依靠空气弹簧的水平变位实现转向功能，同时又不会形成过大的回转阻力使车辆产生较大的侧向力从而增大轮轨磨耗。

转向架的两侧安装有抗蛇行减振器，一端与构架上的减振器座相连，另一端与车体下的减振器座相连，以此来提高车辆的蛇行失稳临界速度，保证运动稳定性和平稳性。在构架与车体之间安装有抗侧滚扭杆，其原理和结构与 206KP 型转向架类似。

在构架的两外侧各有一根防过充安全钢丝绳。当车辆出现异常状态时，即空气弹簧处于过充状态、高度控制阀或差压阀处于故障状态时，由安全钢丝绳将车体与构架拉住，限制空气弹簧的高度，保证车辆的行车安全。

④ 基础制动装置。

CW-200K 型转向架每轴安装两个轴装式制动盘及两个带有自动间隙调整器的单元制动缸，闸片具有摩擦系数稳定、导热率高等特点。

2. 货车转向架

1）货车转向架的特点

为了应对重载和提速的要求，货车转向架须具备以下几个特点。

（1）转向架构架及轮对应具有一定的刚度、强度，能够承受车体的重量。

（2）转向架应轻量化，以减少运行阻力。

（3）转向架结构应简单化，以方便检修。

我国常用的货车转向架一般由以下几个部分构成。

（1）侧架或者构架。

侧架或者构架是货车转向架的基础部件，也是受力最大的部件，其作用是承载及安装其他零部件。

（2）中央悬挂装置。

中央悬挂装置由摇枕、下旁承、下心盘、弹簧、斜楔、弹簧托板、摇动台机构、下交叉支撑杆等部件组成，主要起缓和、减小车辆振动作用。

（3）轮对及轴箱装置。

货车转向架使用的轴承有别于客车转向架使用的轴承。

（4）基础制动装置。

货车车辆不设电气设备，故采用空气制动方式，货车转向架常采用闸瓦制动，主要由制动梁、制动杠杆、拉杆、闸瓦及其配件构成。

2）典型货车转向架的结构

本书仅对目前运用较为广泛的 25 t 轴重转向架做介绍，包括摆动式转向架——转 K5 型转向架、交叉支撑式转向架——转 K6 型转向架、径向转向架——转 K7 型转向架。

（1）转 K5 型转向架。中车长江车辆有限公司（原株洲车辆厂）于 2001 年引进带有摇动台的摆动式转向架生产技术，生产的轴重 21 t，商业运营速度为 120 km/h 的转向架被定型为转 K4 型转向架。根据铁路货车重载运输要求，中车长江车辆有限公司于 2003 年在美国25 t轴重摆动式转向架及转 K4 型转向架的基础上研制了转 K5 型转向架。

转 K5 型转向架结构如图 4-29 所示。

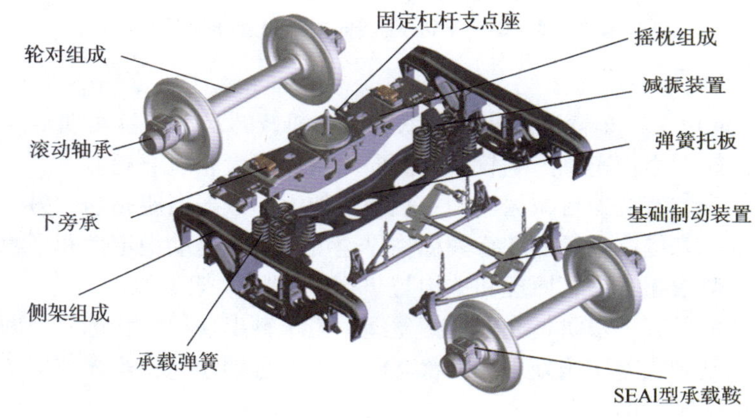

图 4-29　转 K5 型转向架结构

摆动式转向架在传统三大件式转向架的基础上增加了一个弹簧托板，左右两侧架设有摇动座，摇动座与弹簧托板相连，组成摇动台机构。摇动台机构可以实现摆动，相当于二次减振，其提高了转向架的动力学性能，增大了转向架的柔性。摆动式转向架示意图如图 4-30 所示。

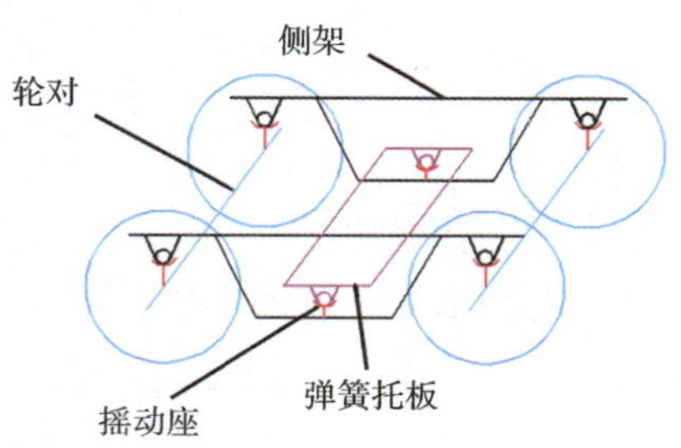

图 4-30　摆动式转向架示意图

转 K5 型转向架的主要技术参数见表 4-10。

表 4-10　转 K5 型转向架的主要技术参数

项目		指标
轴重/t		25
自重/t		≤4.7
商业运营速度/（km/h）		120
轨距/mm		1 435
轮型		HEZD 或 HES_A 型
轮径/mm		840
车轮踏面形状		LM 磨耗型踏面
轴型		RE_{2B}型
轴承		353130B 型
基础制动倍率		4
心盘允许载荷/kN		443.94
固定轴距/mm		1 800
轴颈中心距/mm		1 981
旁承中心距/mm		1 520
下心盘直径/mm		375
下心盘面至轨面距离（含心盘磨耗盘）/mm	自由高	703
	心盘载荷为 70 kN 时	684
下心盘面至旁承顶面距离（自由高）/mm		83
侧架上平面距轨面高/mm		765
侧架下平面距轨面高/mm		160

（2）转 K6 型转向架。

转 K6 型转向架为铸钢三大件式货车转向架，是转 K2 型转向架的更新换代产品，该转向架一系悬挂采用轴箱弹性剪切垫，二系悬挂采用带变摩擦减振装置的中央枕簧悬挂系统，摇枕弹簧为二级刚度；两侧架之间加装侧架弹性下交叉支撑装置；采用双作用常接触弹性旁承。

2006 年 1 月 1 日，转 K6 型转向架在全路全面推广应用。

转 K6 型转向架结构如图 4-31 所示。

转 K6 型转向架为交叉支撑式转向架，在传统三大件转向架基础上，在两侧架之间加装弹性下交叉支撑杆，限制了转向架两侧架的剪切变形，提高了抗菱刚度。

交叉支撑结构示意图如图 4-32 所示。

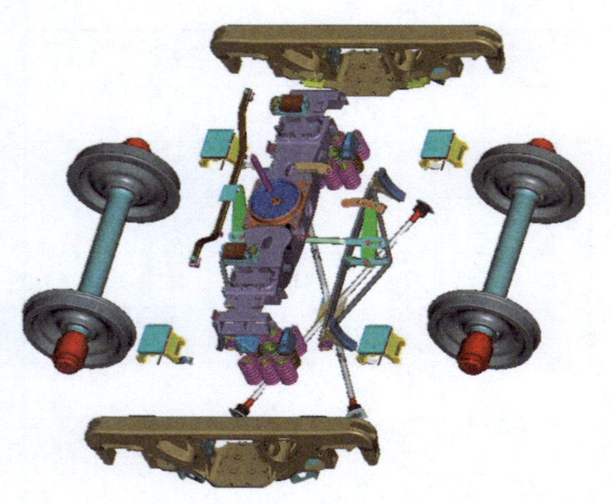

图 4-31　转 K6 型转向架结构

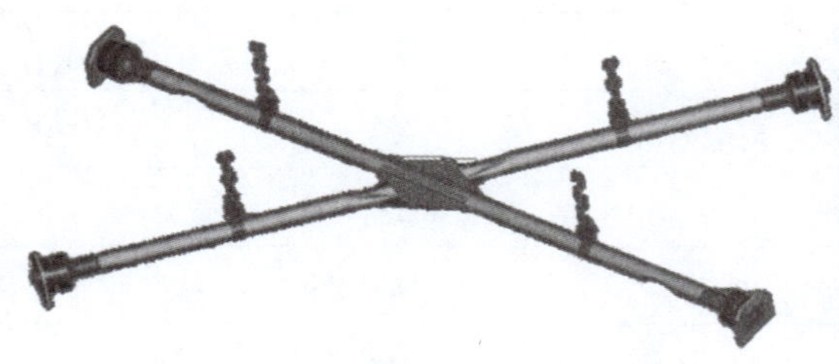

图 4-32　交叉支撑结构示意图

转 K6 型转向架的主要技术参数见表 4-11。

表 4-11　转 K6 型转向架的主要技术参数

项目		指标
轴重/t		25
自重/t		4.8
商业运营速度/（km/h）		120
轨距/mm		1 435
轮型		HEZD 或 HES_A 型
轮径/mm		840
车轮踏面形状		LM 磨耗型踏面
轴型		RE_{2B} 型
轴承		353130A/B/C 型
基础制动倍率		4
心盘允许载荷/kN		443.94
固定轴距/mm		1 800
轴颈中心距/mm		1 981
下心盘面至下旁承顶面距离/mm	自由高	92
	工作时	83
下心盘面至轨面距离（自由高）/mm		680
侧架上平面距轨面高/mm		787
侧架下平面距轨面高/mm		162

① 轮对及轴箱装置。转 K6 型转向架采用 RE_{2B} 型轮对和 353130A/B/C 型滚动轴承，其

在轴箱一系加装了内八字橡胶垫，实现了轮对的弹性定位，减小了转向架簧下质量，隔离了高频振动，轴箱橡胶垫安装时，导电铜线安装在内侧。

转 K6 型转向架轴箱橡胶垫示意图如图 4-33 所示。

② 侧架。支撑座通过沿侧架大体中心线上下两条焊缝焊接在侧架上，配合面允许打磨修配；立柱磨耗板通过 4 个折头螺栓与侧架立柱紧固。

转 K6 型转向架侧架结构示意图如图 4-34 所示。

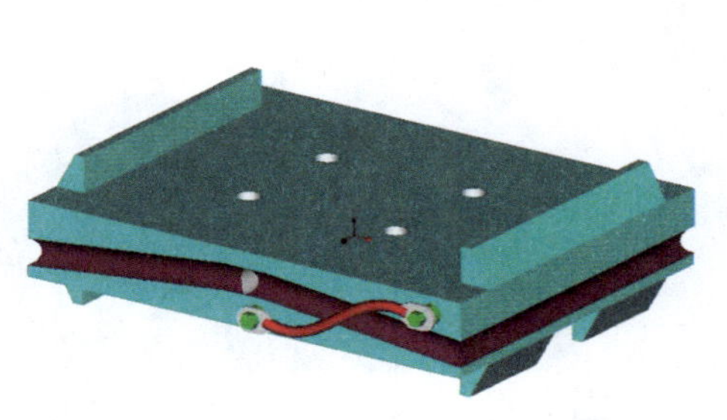

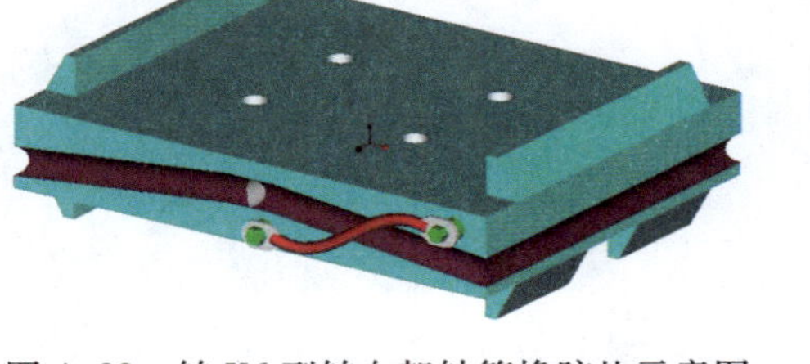

图 4-33　转 K6 型转向架轴箱橡胶垫示意图　　图 4-34　转 K6 型转向架侧架结构示意图

③ 中央悬挂装置。转 K6 型转向架的摇枕由固定杠杆支点座、下心盘、心盘磨耗盘、八字面磨耗板组成，材质为 B 级钢，转 K6 型转向架摇枕结构示意图如图 4-35 所示。

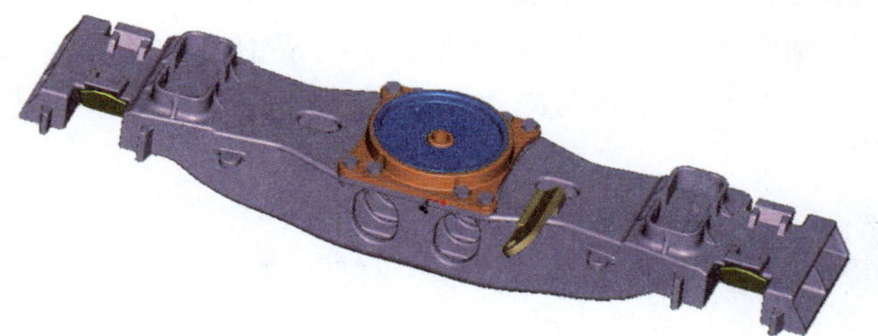

图 4-35　转 K6 型转向架摇枕结构示意图

转 K6 型转向架的单侧中央悬挂系统由 7 组承载弹簧、2 组减振弹簧构成，弹簧均为两级刚度弹簧，弹簧上方安装斜楔，下方放置在侧架弹簧承台上。转 K6 型弹簧组的主要技术参数见表 4-12。

表 4-12　转 K6 型弹簧组的主要技术参数

项目	组数	直径/mm	中径/mm	自由高/mm
承载外簧 1	6	24	115	252
承载外簧 2	1	24	115	229
承载内簧	7	16	66	229
减振外簧	2	20	106	262
减振内簧	2	12	65	262

弹性下交叉支撑装置由两个交叉杆、2 个 U 形弹性垫、1 个 X 形弹性垫、2 个交叉杆扣板、8 个轴向橡胶垫、4 个双耳垫圈、4 个锁紧板、4 个紧固螺栓构成，组装时，上下扣板有 4 处塞焊点和两条平焊缝，把上下交叉杆固定成一个整体。

弹性下交叉支撑装置结构示意图如图 4-36 所示。

转 K6 型转向架采用了 JC 型双作用弹性旁承，增加了车体与转向架间的回转阻尼，有效抑制了转向架与车体的摇头蛇行运动和车体侧滚振动，从而提高了车辆高速运行时的平稳性和稳定性；车辆通过小半径曲线时，刚性滚子与上旁承接触，将回转阻力矩控制在适当范围内，改善了曲线通过性能；JC 型双作用弹性旁承非金属磨耗板耐磨性好且性能稳定，可确保车辆动力学性能稳定。

JC 型双作用弹性旁承示意图如图 4-37 所示。

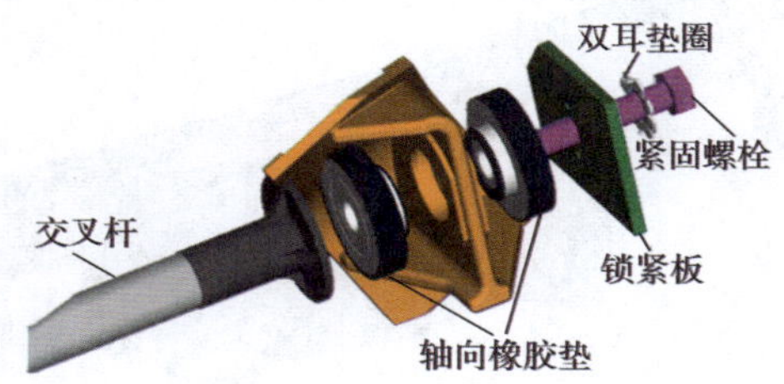

图 4-36　弹性下交叉支撑装置结构示意图

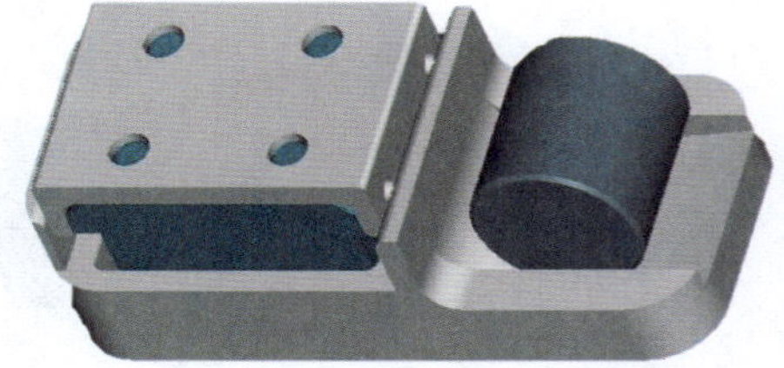

图 4-37　JC 型双作用弹性旁承示意图

④ 基础制动装置。转 K6 型转向架的基础制动装置由组合式制动梁、中拉杆、固定杠杆、移动杠杆、高磨合成闸瓦、耐磨销套组成。

货车转向架在运用过程中，基础制动装置的销套磨损十分严重，货车提速后，销套磨损将更为严重。为了减轻销套磨损，提高提速货车转向架销套的使用寿命，转 K6 型转向架采用耐磨销套，提高圆销表面硬度，同时减小销套间的间隙，提高销套装配精度，以改善销套的受力状态。

⑤ 横跨梁。为满足空、重车自动调整装置的需要，在 2 位转向架固定杠杆端安装横跨梁组成，包括左右横跨梁托、横跨梁、调整板、磨耗垫板、横跨梁底座。

中篇

铁道机车

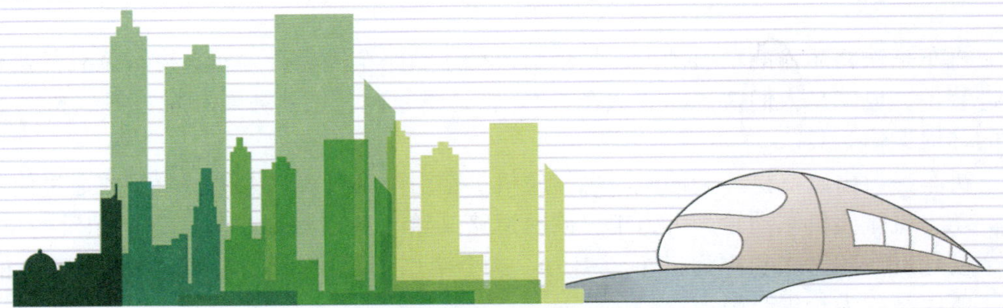

项目 5　内燃机车

机车的概念

内燃机车基础知识

内燃机车构造

掌握机车的概念

掌握内燃机车基础知识

掌握内燃机车构造

任务 5.1 内燃机车基础知识

1. 机车的概念

机车是铁路运输的牵引动力，是牵引或推送铁路车辆运行，而本身不装载营业载荷的自推进装备，也就是人们常说的“火车头”。按运送每吨公里消耗燃料量计算，机车是耗能最少的陆地运输工具。

机车一般由蒸汽机、柴油机、燃气轮机、牵引电动机等动力机械直接或通过传动装置驱动。动力机械使机车动轮产生力矩，同时道路又给动轮以大小相等、方向相反的反作用力。各个动轮反作用力之和称为机车牵引力。这个牵引力是由动轮周上作用力而产生的切向外力，所以又称为轮周牵引力。

机车产生的牵引力克服列车阻力，可拖动比它自身重量大 10 倍或 20 倍以上的车列。通过列车牵引计算，可求得某一机车能牵引车列的总重量。要提高机车牵引力，就要相应地增加机车黏着重量（机车所有动轮作用于轨道上的重量）。然而决定黏着重量的机车轴重（一根动轴上的两个动轮垂直作用于轨道上的重量）是有限度的。如果超过轴重限度，就要增加轴数。因此，轴数是机车的重要参数，由各种轴数组成的车轴排列式可以表征机车的性能和用途。

2. 铁路机车的分类

1）按机车的牵引动力分类

按机车的牵引动力分类，机车分为内燃机车、电力机车和蒸汽机车。

（1）内燃机车。

内燃机车以内燃机作为原动力，通过传动装置驱动车轮的机车。内燃机车如图 5-1所示。根据机车上内燃机的种类，在我国铁路上采用的内燃机绝大多数是柴油机。燃油（柴油）在气缸内燃烧，将热能转换为由柴油机曲轴输出的机械能，但并不用来直接驱动动轮，而是通过传动装置转换为适合机车牵引特性要求的机械能，再通过走行部驱动机车动轮在轨道上转动。

柴油机车使用最为广泛。在中国，内燃机车这一概念习惯上指的是柴油机车。内燃机车中内燃机和动轮之间加装一台与发动机同等重要并符合牵引特性的传动装置。传动装置有 3 种：机械传动装置、液力传动装置和电力传动装置。

① 内燃机车的优点。

内燃机车与电力机车相比，其优点如下。

a）自带动力，不受外部断电的影响。

b）可以在所有的铁路线上运行。

② 内燃机车的缺点。

a）污染重。运行时产生废气。

b）噪声大。行走时比电力机车声音大。

c）速度慢。由于柴油机车自携很重的内燃机引擎，以及燃油，因此，在加减速、高速方面均不及电力机车。

d）爬坡能力弱。比电力机车爬坡能力弱，适于平原运行。

（2）电力机车。

电力机车是指由电动机驱动车轮的机车。电力机车如图 5-2 所示。电力机车因为所需电能由电气化铁路供电系统的接触网供给运行中的电力机车，所以，是一种非自带能源的机车。

图 5-1 内燃机车

图 5-2 电力机车

电力机车具有功率大、过载能力强、牵引力大、速度快、整备作业时间短、维修量少、运营费用低、便于实现多机牵引、能采用再生制动，以及节约能量等优点。使用电力机车牵引车列，可以提高列车运行速度和承载重量，从而大幅度提高铁路的运输能力和通过能力。

① 电力机车的优点。

电力机车与内燃机车相比，有如下优点。

a）污染轻。不会产生内燃机车运行时产生的废气。

b）噪声小。行走时比内燃机车静得多。

c）速度快。由于不需像柴油机车自携很重的内燃机引擎，以及燃油，从而减轻自重，因此，在加减速、高速方面均比柴油机车优胜。

d）爬坡能力强。比内燃机车爬坡能力强，适于山区运行。

② 电力机车的缺点。

电力机车的缺点在于其本身没有动力源，电能来自外部电缆，如遇自然灾害、战争等不可抗力状况引发断电就无法运行，甚至可能引发事故。

故而电力机车虽有许多优点，仍然无法全面取代内燃机车。

（3）蒸汽机车。

蒸汽机车以蒸汽机作为牵引动力来源，为自带能源式机车。蒸汽机车如图 5-3 所示。蒸汽机车现已淘汰，只在部分林区、旅游景区使用。

图 5-3　蒸汽机车

2）按机车的用途分类

（1）客运机车。

客运机车也就是牵引旅客列车的机车，相对货运机车来说，客运机车的牵引力要小一些，速度要快些。这是因为客车的编组较少，载重量也比货车小得多，没有必要“大马拉小车”造成浪费。

（2）货运机车。

货运机车是用来牵引货车的。货运机车的牵引力要比客运机车大得多，但速度没有客运机车那么快。

（3）调车机车。

调车机车主要在车站内或编组站（场）用于车列的解体和编组，如牵出、转线和车辆的取送等作业，这种机车起动和停车频繁，它的特点是机动灵活，因此车身较短，能通过较小的曲线半径，而速度相对要求不高。

（4）工矿机车。

工矿机车是担任采掘、冶金、石油、化工、森林等企业内部运输和工厂内部运输的机车。一般来说，功率比铁路干线用的机车小，速度要求也不高，但必须有足够的牵引力。在某些特殊工厂运输用的机车还必须有防火、防爆等设施。

3）按动力配置分类

（1）动力集中型。

动力集中型是将动力设备集中在机车上，东风、韶山等系列机车均采用动力集中式。动力集中配置方式检查维修比较方便，但轴重比较大。

（2）动力分散型。

动力分散型是将部分动力设备安装在车辆上，带动力设备的车辆叫作动车，不带动力的车辆叫作拖车。动力分散配置一方面可以减小最大轴重，改善列车的牵引和制动性能，另一方面也减小了对线路的影响，降低噪声。客运动车组采用动力分散方式。

3. 内燃机车发展概况

1）国外内燃机车的发展概况

20世纪初，国外开始探索试制内燃机车。1924年，苏联制成一台电力传动内燃机车，并交付铁路使用。同年，德国用柴油机和空气压缩机配接，利用柴油机排气余热加热压缩空气代替蒸汽，将蒸汽机车改装成为空气传动内燃机车。1925年，美国将一台220kW电传动内燃机车投入运用，从事调车作业。20世纪30年代，内燃机车进入试用阶段，30年代后期，出现了一些由功率为900~1 000kW单节机车多节连挂的干线客运内燃机车。

第二次世界大战以后，因柴油机的性能和制造技术迅速提高，内燃机车多数配装了废气涡轮增压系统，功率比战前提高约50%，配置直流电力传动装置和液力传动装置的内燃机车的发展加快了。到了20世纪50年代，内燃机车数量急速增长；20世纪60年代，大功率硅整流器研制成功，并应用于机车制造，出现了交—直流电力传动的2 940kW内燃机车；在20世纪70年代，单柴油机内燃机车功率已达到4 410kW。

随着电子技术的发展，联邦德国在1971年试制了1 840kW的交—直—交电力传动内燃机车，从而为内燃机车和电力机车的技术发展提供了新的途径。内燃机车随后的发展，表现在提高机车的可靠性、耐久性和经济性，以及防止污染、降低噪声等方面。

2）我国内燃机车的发展概况

20世纪50年代，我国开始内燃机车的研制和生产，自1958年中车大连机车车辆有限公司（大连机车厂）生产了我国第一台双节连挂的电力传动“巨龙型”干线货运内燃机车，中车青岛四方机车车辆股份有限公司、中车戚墅堰机车有限公司、北京二七轨道交通装备有限公司等机车工厂先后试制了内燃机车。至20世纪90年代，先后有东风型、东风$_2$型、东风$_3$型、东风$_4$系列、东风$_7$系列、东风$_8$系列、东风$_{11}$系列、东方红$_1$型、东方红$_2$型、东方红$_3$型、东方红$_5$型和东方红$_{21}$型、北京型内燃机车，以及电力传动内燃动车组、液力传动内燃动车组、高原内燃机车等投入生产和运用。

纵观我国交直传动内燃机车的发展，从早期仿造、试制机车，到开始定型生产的第一、二、三、四代机车，国产内燃机车的技术水平由低到高，产量由少量制造到批量生产，大致经历了四个发展阶段：

（1）国产第一代内燃机车。国产第一代内燃机车自1958年开始生产，电力传动以东风型、东风$_2$型、东风$_3$型内燃机车为主，液力传动以东方红$_1$型、东方红$_2$型内燃机车为主。

（2）国产第二代内燃机车。铁道部在1964年向大连机车厂下达了开发第二代大功率内燃机车的任务，即现在的东风$_4$型内燃机车，该型机车1974年投入批量生产。第二代电力传动内燃机车以东风$_4$型机车为代表，液力传动内燃机车以东方红系列、北京型机车为代表，它们是在第一代内燃机车的基础上试制和生产的，其技术逐步成熟，生产于我国“内燃、电力机车并举，以内燃为主”的发展时期，处于内燃机车电力传动和液力传动同步发展的时代。目前，第二代内燃机车已基本退出历史舞台。

（3）国产第三代内燃机车。国产第三代内燃机车是第二代内燃机车的升级换代产品，以东风$_{11G}$型机车为代表，其技术更成熟、更可靠，具有速度高、功率大、技术可靠等特点，在铁路客运提速和货运重载运输中发挥着重要作用。

（4）国产第四代内燃机车。第四代内燃机车是以交流传动技术为主要特征的新一代内燃机车，目前有几种型号的交流传动内燃机车投入试运用，并出口国外，但还未投入大批量生产。第四代内燃机车科技含量更高、新技术应用更多，如电子喷射、径向转向架、干式冷却、交流辅助传动、螺杆式空气压缩机、电子技术等得到了进一步的应用和提高。

4. 内燃机车的分类

内燃机车种类很多，一般按用途和传动形式分类。

1）按用途分类

（1）内燃货运机车。该机车具有较大的牵引力，用以牵引吨位较大的货运列车。

单节机车功率范围：1 500~4 400 kW。

最高运行速度范围：100~120 km/h。

（2）内燃客运机车。该机车具有较高的最高运行速度和起动加速度，用以牵引速度较高的旅客列车。

单节机车功率范围：1 500~4 400 kW。

最高运行速度范围：120~200 km/h。

（3）内燃调车机车。该机车用于列车的解体、编组和牵出、转线，车辆的取送、转场、整理、出入段等工作。其工作特点是频繁地起动和停车。因此这种机车要求瞭望方便，具有足够的黏着重量和必要的功率。内燃调车机车可分为站内内燃调车机车和编组站内燃调车机车两种，前者适用于客运站、货运站进行部分列车的摘挂与牵引作业，所需功率较小；后者适用于编组站进行全列车的解体与编组作业，所需功率较大，因此这种机车还可以兼任短途运输（小运转）。

站内内燃调车机车。功率范围：440~740 kW。

最高运行速度范围：50~70 km/h。

编组站内燃调车机车。功率范围：740~2 200~2 940 kW。

最高运行速度范围：60~80 km/h。

（4）内燃工矿机车。该机车为厂矿内部运输或地方铁路、森林铁路等牵引用的机车。

单节机车功率范围：440~1 500 kW。

最高运行速度范围：30~80 km/h。

（5）内燃动车组。用来运送旅客、行李、货物或公务用的以内燃机为动力的轨道车辆称为内燃动车。内燃动车组则是由至少两辆具有上述定义的动车或至少一辆这样的动车和一辆或一辆以上的拖车组成的列车组。内燃动车组用于牵引近郊旅客列车和中短途高速旅客列车，一般由 4~10 节车组成，其两端为动车。高速动车组起动加速快，最高运行速度高，因此动力车的功率较大，头部流线化，车辆连接用密接式车钩。内燃动车组的最高运行速度一般不超过 200 km/h。

功率范围：2×370～2×3 300 kW。

最高运行速度范围：100～200 km/h。

内燃动车组也有采用动力分散布置的，即把柴油机和传动装置放在车底架下面。由于受空间限制，每台柴油机的功率较小，按功率需要，一列车可以布置多台柴油机机组。这种动车组一般只用于短途旅客列车。

2）按传动形式分类

根据从柴油机到动轮之间采用的传动装置的不同，内燃机车可分为电力传动、液力传动和机械传动三种类型。

（1）电力传动内燃机车。柴油机驱动主发电机，然后向车轴上的牵引电机供电，并通过牵引齿轮驱动轮对旋转。根据电动机的形式不同，电力传动内燃机车又有四种传动方式。

① 直—直流电力传动。牵引发电机（主发电机）和牵引电机均采用直流电。柴油机驱动直流牵引发电机，由牵引发电机把柴油机的机械能转化为电能，并对直流牵引电机供电。牵引电机通过齿轮减速箱驱动机车的动轮。

牵引发电机为直流他励发电机。柴油机起动时，它作为直流串励电动机使用，并由蓄电池供电。

牵引电机为直流串励电动机。因为直流电动机比交流电动机调速方便，直流串励电动机的机械特性比其他电动机更适合内燃机车牵引特性的要求。电阻制动时，它作为他励发电机，将列车的动能转化为电能，再由制动电阻转化为热能，消散于大气中。

② 交—直流电力传动。柴油机驱动同步牵引发电机工作时，发出三相交流电，经主整流器整流后变成可调压的直流电，然后输送给直流牵引电机驱动轮对旋转，使机车获得牵引力，交—直流电力传动工作原理示意图如图 5-4 所示。

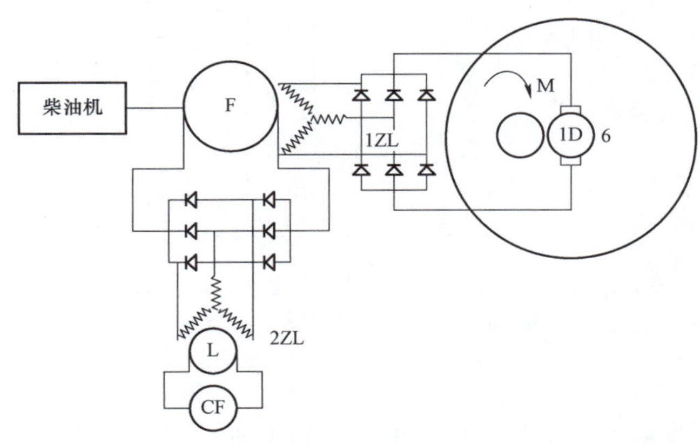

F—牵引发电机；D—牵引电机；CF—测速发电机；L—励磁机；1ZL—主整流柜；2ZL—励磁整流柜。

图 5-4　交—直流电力传动工作原理示意图

同步牵引发电机与直流牵引发电机相比，由于同步牵引发电机没有换向器，所以结构简单，重量较轻、省铜，运行可靠、维护方便。从 20 世纪 80 年代开始，2 200 kW 以上功率的内燃机车已普遍采用了这种电力传动形式。

在交—直流电力传动装置中，同步牵引发电机加上硅整流装置，就相当于直—直流传动装置中的直流牵引发电机，但是同步牵引发电机不受直流牵引发电机那样的换向条件的限制。

③ 交—直—交流电力传动。柴油机驱动同步牵引发电机发出三相交流电，经硅整流装置把三相交流电转变成直流电，再经过逆变器，把直流电转变成所需可变频率的三相交流电，以供给牵引电机使用。经过逆变后的三相交流电的频率和同步牵引发电机三相交流电的频率并无直接关系。

④ 交—交流电力传动。没有中间直流环节的直接交频的交流电力传动装置称为交—交流电力传动。柴油机直接驱动一台同步牵引发电机，同步牵引发电机发出的三相交流电送给变频装置后，直接成为三相交频电源，供给交流牵引电机用电。

（2）液力传动内燃机车。采用液力传动装置，柴油机驱动液力传动装置的变扭器泵轮，把机械能转变成流体动能，再经变扭器的涡轮转换成机械功，以适应机车的各种运行工况，然后经万向轴、车轴齿轴箱等部件传至车轮，如图 5-5 所示。这种机车可节省大量铜材，但传动效率较电力传动稍低。国产北京型和东方红系列机车属于这一类型。

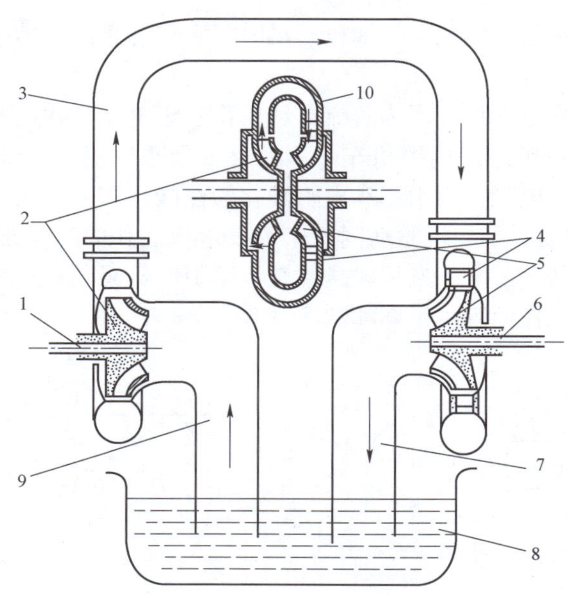

1—输入轴；2—泵轮（离心泵）；3，7，9—管道；4—导向轮；5—涡轮；
6—输出轴；8—油槽；10—变扭器。

图 5-5　液力传动示意图

（3）机械传动内燃机车。在柴油机与轮对之间设离合器和变速箱，利用变速箱改变柴油机曲轴与轮对间的传动比，以调节机车的牵引力和运行速度，这种传动结构简单、效率高，但功率利用系数低，换挡时易功率中断，引起冲动，所以干线机车一般不采用机械传动，它只用于小型机车上。

任务5.2 内燃机车构造

1. 内燃机车型号与轴列式

1）内燃机车型号

业界一般用汉字表示国产内燃机车型名。国产电力传动内燃机车用东风表示型名，称为东风系列；国产液力传动内燃机车用东方红、北京表示型名，称为东方红、北京系列。进口内燃机车的型名用汉字拼音字母“ND”和“NY”表示，其中N表示内燃机车，D表示电传动，Y表示液力传动。在汉字或汉字拼音字母的右下角用阿拉伯数字表示该型机车投入运用的先后。

和谐型内燃机车（HXN）是引进国外技术在中国设计制造的交流传动重载货运内燃机车。HXN后面的数字表示不同的制造公司所制造的不同的机车，如HXN_3为中车大连机车车辆有限公司制造，HXN_5为中车戚墅堰机车有限公司制造。

2）内燃机车轴列式

机车车轴排列的形式叫轴列式，简称轴式。

轴列式通常用数字或字母来表示机车走行部的结构特点。我国目前有用数字表示的，也有用字母表示的。用数字表示的叫数字表示法；用字母表示的叫字母表示法。

数字表示法就是用数字表示每台转向架的动轴数，注脚“0”表示每一动轴为单独驱动，无注脚或数字右上角加“′”表示成组驱动。数字之间的“—”表示转向架之间无直接的机械联系。例如，东风$_{4B}$型机车的轴列式3_0—3_0，表示该机车有两台三轴转向架，转向架的动轴为单独驱动；东风$_{10D}$型内燃机车的轴列式为2（2_0—2_0），表示该机车是两节重联，每节车有两台二轴转向架，转向架的动轴为单独驱动。

字母表示法就是用英文字母表示每台转向架的动轴数，如A表示1，B表示2，C表示3……注脚表示的意义与数字表示法相同。这样C_0—C_0与3_0—3_0相同，2（B_0—B_0）与2（2_0—2_0）相同。在字母表示法中，各字母之间的连接号也可不用，写成C_0C_0，$2B_0B_0$等。

我国内燃机车的轴列式，过去一般采用数字表示法，现在规定用字母表示法。

2. 内燃机车的主要组成部分

一般内燃机车基本结构包括柴油机、传动装置、车体和底架、转向架及辅助装置五大部分。

1）柴油机

柴油机是内燃机车的动力装置，其作用是将燃料的化学能转变为机械功，即利用燃油燃烧时所产生的燃气直接推动活塞做功。

2）传动装置

传动装置的作用是将柴油机产生的机械功传给转向架，力求柴油机的功率得到充分发挥，并使机车具有良好的牵引性能。

功率较大的内燃机车的传动装置有液力传动和电力传动两种，相应的内燃机车称为液力传动内燃机车和电力传动内燃机车，它们在结构原理、运用维修上均有较大区别。

3）车体和底架

车体和底架是各机组和设备的安装基础，承受其载荷，并传递机车牵引力和制动力，还有利于通过曲线。司机室是乘务人员工作的场所，为了改善乘务人员的工作条件，除改装有烧水做饭用的电炉外，还设有暖气与风扇，新一代的内燃机车已开始装有空调和冰箱。

车体按其钢结构承载方式可分为承载式车体和非承载式车体，后者主要靠底架来承受载荷。按结构型式车体又可分为内走廊式和外走廊式两种，调车机车均采用外走廊式，干线内燃机车两种型式均有采用，主要根据制造厂的习惯和用户的要求决定。

4）转向架

转向架的作用是承受车体、底架及其所有设备的重量；传递机车牵引力和制动力；利于通过曲线，保证机车运行平稳和安全。

5）辅助装置

辅助装置的作用是保证柴油机、传动装置和转向架的正常工作和可靠运行。内燃机车的辅助装置主要包括以下 5 个系统。

（1）燃油系统。燃油系统的作用是把燃油箱内的燃油通过燃油输送泵送往燃油粗、精滤器，最后送到柴油机上的喷油泵和喷油器，进入燃烧室。系统中一般还设有燃油预热器，以便当外界气温较低时预热燃油。

（2）机油系统。把清洁的、具有一定压力和适当温度范围的机油输送到各摩擦面，并使之循环使用。循环流动的机油到达各摩擦面，具有润滑、清洗、冷却等作用。机油系统主要包括机油泵、机油滤清器、机油热交换器、管路、阀门等。

（3）冷却水和预热系统。柴油机工作时，气缸内燃气温度很高，使气缸套燃烧室部分和排气系统的零件强烈受热，为保持其正常工作和延长使用寿命，必须对这些零部件进行冷却。

增压后的空气温度升高、密度减小，为增加充入气缸的空气量，改善燃烧过程，需对增压后的空气进行冷却。

此外，用以对各运动件摩擦副进行润滑的柴油机机油也须进行冷却，使其保持在一定温度范围内，以保证正常的润滑和冷却功能。

内燃机车的冷却方式，通常是由冷却风扇驱动空气，流经散热器，对冷却水进行冷却；用油水热交换器对机油和液力传动装置的工作油进行冷却；用流经中冷器的冷却水对增压空气进行冷却。

内燃机车上还设有预热系统，其作用是在柴油机起动之前，预热冷却水、机油和燃油，使其温度达到柴油机起动要求的最低温度。

（4）制动系统。制动系统用以控制运行中的机车和整个列车的减速和停车，它是确保机车安全运行的一个极为重要的系统，一般主要指空气制动系统。电阻制动系统和液力制动系统主要用于列车的减速或恒速运行。手制动适用于停放的单机。

（5）辅助传动装置。辅助传动装置为驱动内燃机车的部分辅助装置而设，如辅助机械传动、静液压传动、偶合器传动。

3. HXN_5 型内燃机车的基本结构及主要参数

1）基本结构

HXN_5 型内燃机车外形如图 5-6 所示，HXN_5 型内燃机车是大功率交—直—交电力传动

内燃机车，由额定功率为 4 660 kW（海拔 2 500 m、环境温度 23 ℃）的 GEVO 16 型柴油机、交流电力传动和控制系统、车体、转向架、机油润滑系统、冷却系统、燃油系统、空气滤清系统、设备通风系统、CCB Ⅱ型空气制动系统等组部件及系统所组成。

图 5-6　HXN_5 型内燃机车外形

HXN_5 型内燃机车各组成部件及系统的各项设备在机车内的布置情况，如图 5-7 所示。

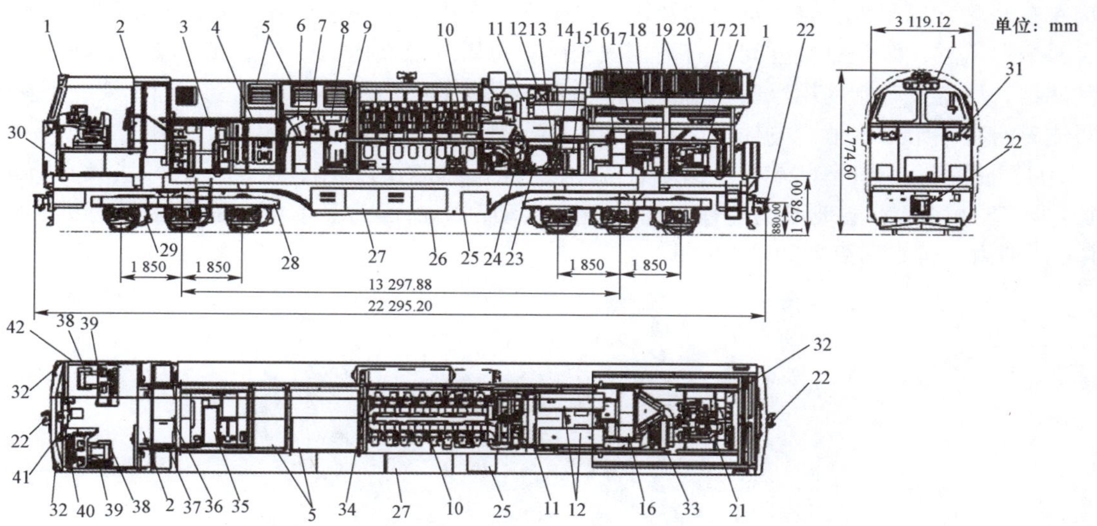

1—头灯；2—控制设备柜；3—牵引逆变器；4—功率装置柜；5—电阻制动装置；6—主发电机通风道；7—辅助发电机；8—CTS 起机转换开关；9—主发电机；10—柴油机；11—空滤器；12—冷却水箱；13—低压燃油泵；14—起动机油泵；15—机油热交换器；16—牵引电机通风机；17—冷却风扇；18—电机通风滤清器；19—散热器百叶窗；20—散热器；21—空气压缩机；22—车钩；23—机油滤清器；24—燃油滤清器；25—污油箱；26—燃油箱；27—蓄电池箱；28—转向架；29—牵引电机；30—空调；31—标志灯；32—砂箱；33—排尘风机；34—总风缸；35—逆变/主发电机通风机；36—卫生间；37—行车安全设备柜；38—座椅；39—取暖器；40—操纵台；41—冰箱；42—制动柜。

图 5-7　HXN_5 型内燃机车总体布置图

HXN_5 型内燃机车为外走廊底架承载式结构。机车分上下两部分，上部为车体及安装在其上的设备，下部两端为转向架，中部设有承载式燃油箱。

（1）机车上部结构。机车上面部分为相对独立的 4 个室：司机室、辅助/逆变室、动力室和冷却室；其中动力室分为两间，即发电机间和柴油机间，如图 5-8 所示。

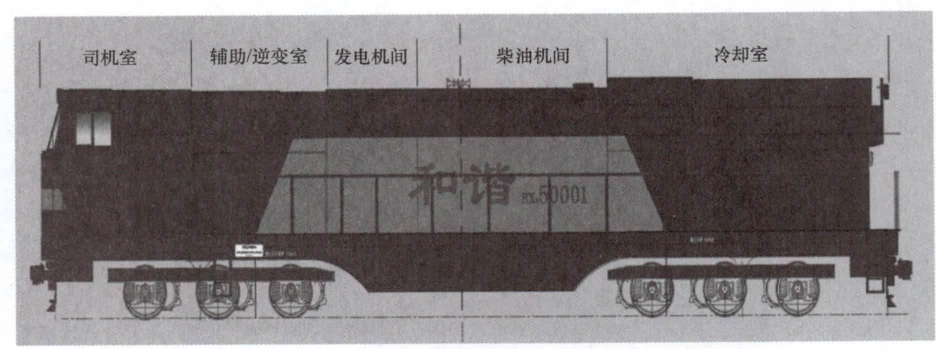

图 5-8　HXN_5 型内燃机车工作间（室）示意图

车体左右两侧在辅助/逆变室中间部位和冷却室后端部位均设有供司乘人员上下的扶梯；司机室后端墙左右两侧设有通往机车外部的门。

车体车架前后两端都装有 AAR M201 Grade E 型牵引车钩和 NC-391 型橡胶缓冲器；车钩左右两侧有列车管、空气重联管及重联电缆等。车架中部为承载式燃油箱，燃油箱右侧设有两个总风缸，两个总风缸间装有高压安全阀；总风缸前端依次设有空气干燥器、辅助用风精滤器，后端设有制动用风精滤器；燃油箱左侧设有蓄电池箱。在司机室下部车架前端左右两侧各设有一个蓄电池充电插座。在车架中部设有燃油切断系统的燃油切断阀。

①司机室。司机室前端壁下部左右两侧设有前转向架的砂箱；上部装有两块具有防霜、加热功能的 PVB 夹层玻璃的前窗，窗外设有气动刮雨器。前窗下面左右两侧设有标志灯。HXN_5 型内燃机车司机室如图 5-9 所示。

图 5-9　HXN_5 型内燃机车司机室

两侧侧墙上部设有侧窗，侧窗下部有电热丝式加热器；两侧墙前外端还装有后视镜。顶棚前端中部为头灯。

司机室内部以铺有防滑、吸声特性材料的底板将司机室内部隔为上、下两部分。司机室底板上部前端左侧和后端右侧分别设置有主、副两个操纵台，以便司机选择任意一个方向操纵机车，操纵台上安置了全部驾驶和信息控制设备，布置有人-机接口的设备：司机主控制器、电子制动阀、智能显示器等；副操纵台左侧设有加热盘和电烤箱；操纵台后端设有司机

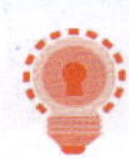

座椅。司机室前端前窗下部设有监控系统主机、信号系统主机、冰箱、灭火器和工具箱。司机室后端设有控制设备柜（CA1 控制区），控制设备柜门外侧设置有折叠座椅。控制设备柜的后端右侧为卫生间，左侧为行车安全设备柜。

司机室上部设有天花板，天花板中间后顶部装有照明灯，前顶端右侧设有 1 个风扇，左侧设有 1 个风扇和 1 个司机控制台灯。司机室底板下部为空气制动设备柜，其中还安装有空调等其他设备。

② 辅助/逆变室。辅助/逆变室内部以车顶底板为界分隔为上下两部分。上部前端为辅助通风机、主发电机通风机的进风区间，其车顶两侧设有 V 形滤网和离心式空气滤清器，车顶前端中间设有排尘出风口；内部设置辅助通风机和排尘风机；车顶后端为单支电阻制动装置工作区间，两侧都装有制动电阻进风（下部）和排风（上部）百叶窗，内部安装有一组电阻制动装置。下部为安装多个辅助、牵引和变流器控制设备的电气柜。电气柜内以中间隔板为界分隔为前、后两室。前室为高压电气柜（牵引变流器），左为 CA5 控制区，右为 CA3 控制区；后室为低压电气柜（功率装置柜），左为 CA4 控制区，右为 CA2 控制区。在这些控制区内布置有两个计算机板和一个计算机电源。作为可调节的辅助电源，有 3 个 AC/DC 电源板和 3 个 AC/AC 电源板。牵引系统的主要部件有主整流器、驱动牵引电机的变流器、变流器专用电源等。电气柜内还安装有一些电子控制板、传感器、接触器、继电器。低压电气柜内还设有变流器、主发电机通风机的通风道。

在辅助/逆变室与发电机间交界区设有变流器冷却用风出风管。

③ 动力室。动力室由隔墙分成柴油机间和发电机间。动力室与辅助/逆变室相邻部分为发电机间，与冷却室相邻部分为柴油机间。发电机间分为上下两部分，上部为机车双支电阻制动装置工作区间，两侧都装有制动电阻进风（上部）和排风（下部）百叶窗，内部安装有两组电阻制动装置。下部安装有主发电机和辅助发电机（串联）及用于起动柴油机的 CTS 起机转换开关。柴油机间内安装有 GEVO16 型柴油机。柴油机输出端左侧设有盘车机构的接口。柴油机排气烟囱（消声器）安装于柴油机自由端增压器出口与后顶盖相关联。

④ 冷却室。冷却室分为前后两部分。前半部分上方装有冷却水箱、空滤器；下方为集成的柴油机支持系统，其中包括机油滤清器、机油热交换器、燃油加热器、燃油滤清器、起动机油泵和低压燃油泵。后半部分上面为冷却系统冷却装置封闭作业区，冷却装置上方设有由压缩空气驱动的散热器百叶窗，百叶窗下方为散热器，散热器下部装有冷却风扇；其左右两侧安装有供散热器进风的 V 形滤网。在冷却装置封闭作业区下部空间内，前端为牵引电机通风机、通风机滤清器及排尘风机；后端为空气压缩机及供空气压缩机冷却用的翅片管式冷却器。冷却室后墙上装有 CA9 控制箱，左右两侧还装有供后转向架用砂的砂箱。

（2）走行部。走行部为两台完全相同的三轴转向架，转向架采用钢板焊接构架和无摇枕结构，轮对轴箱采用导框方式定位，车轮为整体式碾钢车轮，如图 5-10 所示。一系悬挂为轴箱两侧螺旋弹簧，配垂向油压减振器；二系悬挂为构架和车体之间的三点式橡胶钢板复合旁承，配横向油压减振器、抗蛇行减振器。牵引力和制动力通过中心牵引销传递。牵引电机采用滚动轴承抱轴半悬挂安装方式，采用单侧斜齿轮传动形式驱动轮轴，牵引齿轮传动比为 85∶16。基础制动装置采用踏面制动单元装置，带有闸瓦间隙调整器；停放制动为弹簧式制动装置。

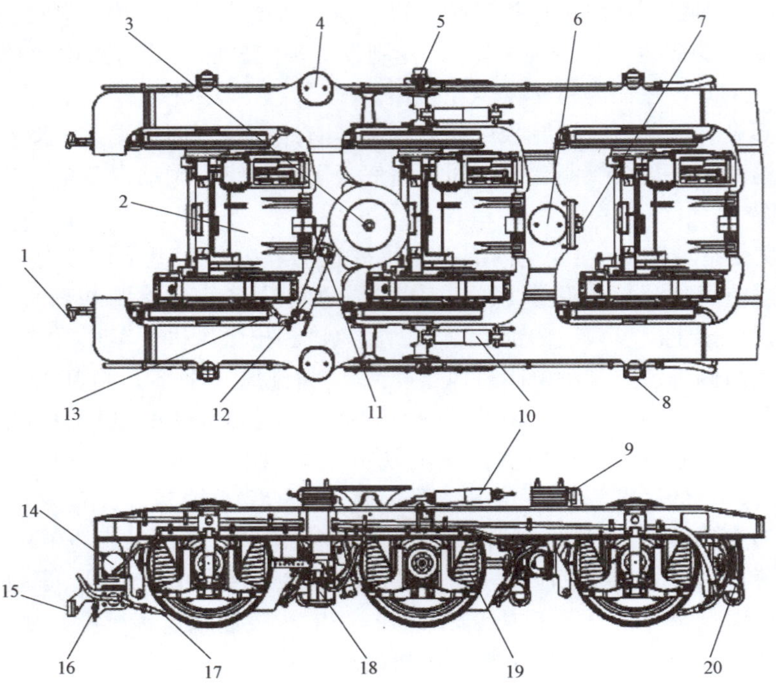

1—排障器；2—牵引电机；3—中心销；4—承载垫；5—速度传感器；6—承载垫；7—转向架吊钩；8—垂向减振器；9—承载垫；10—抗蛇行减振器；11，20—牵引电机吊杆；12—横向减振器；13—轮缘润滑装置；14—单元制动器；15—排障器；16—轨面清扫器；17—撒砂喷嘴；18—单元制动器；19—轴箱弹簧。

图 5-10 HXN$_5$ 型内燃机车转向架

车体车架前后端装有车钩缓冲器，车钩左右两侧有列车管、空气重联管及重联电缆等。车架中部为承载式燃油箱，燃油箱右侧设有两个总风缸，机车总风缸总容量为 940~1 000L，每个风缸装均有排水阀，排水阀有加热和消声装置。两总风缸间装有高压安全阀；总风缸前端依次设有空气干燥器、辅助用风精滤器，后端设有制动用风精滤器；燃油箱左侧设有蓄电池箱。在司机室下部车架前端左右两侧各设有一个蓄电池充电插座。在车架中部设有燃油切断系统的燃油切断阀。HXN$_5$ 型内燃机车总风缸如图 5-11 所示。

图 5-11 HXN$_5$ 型内燃机车总风缸

2）主要参数

型号	HXN_5 型
用途	客、货运
传动形式	交—直—交流电力传动
操纵方式	单司机操纵
机车制动方式	电气、空气制动系统
限界	符合 GB 146.1—2020
轨距	1 435 mm
轴列式	C_0—C_0
机车整备重量	150（1±3%）t
轴重	25（1±3%）t
车轮	整体碾钢车轮
轮径	1 050 mm
额定功率（主发输入功率）	4 400 kW（AAR 标准状态）
轮周功率	4 003 kW（AAR 标准状态）
牵引力	起动牵引力 620 kN，持续牵引力 565 kN（AAR 标准状态）
速度	最高速度 120 km/h，持续速度 25 km/h
恒功率速度范围	22.3～120 km/h
最大电阻制动力	338 kN
电阻制动功率	4 004 kW（AAR 标准状态）
制动距离	≤1 100 m（单机平直道，轨面状态良好，制动初速 120 km/h 条件下，纯空气制动时的距离）
最小通过曲线半径	145 m（三台机车重联，以 5 km/h 速度通过时）
最小摘挂曲线半径	250 m
轴距	1 850 mm
转向架中心距	13 298 mm
机车最大外形尺寸（长×宽×高）	21 133 mm×3 119 mm×4 770 mm
车钩中心距	22 295 mm
燃油箱容量（可用）	9 000 L
砂装载量	500 L
水装载量	1 100 L
机油装载量	1 300 L

项目 6　电力机车

知 识 点

电力机车基础知识

电力机车构造

技能目标

掌握电力机车基础知识

掌握电力机车构造

任务 6.1　电力机车基础知识

1. 电力机车的概念

电力机车是指从电气化铁路沿线接触网上获得电能，通过牵引电动机将电能转换成机械能，进而驱动车轮运行的机车。

图 6-1　韶山型电力机车

简单地说，电力机车是铁道机车的一种，与蒸汽机车、内燃机车不同，其本身不具有原动机。电气化铁路供电系统的接触网或接触轨向其提供交流或直流电，然后经过一系列变压、变流过程，转换成牵引电动机所需要的电压、电流，从而驱动列车运行。

我国自行研制的韶山型电力机车如图 6-1 所示。

2. 电力机车的优越性

电力机车与其他类型机车相比，其主要特点如下。

1）清洁、无污染

电力机车在运行过程中，不会排出有害气体污染环境。铁道供电系统使用的电力大部分来自火力发电厂，火力发电厂在使用化石燃料时，会按国家规定控制废气排放。

2）功率大，速度快

由于电力机车上没有牵引用的能源，使得同等机车功率下电力机车质量更轻；同等机车质量下电力机车功率更大。相同轴重下，单轴功率越大，机车速度越快。

3）热效率高，能源消耗低

由于电能来自大型发电厂或水电站，因此电力机车热效率高。

4）维修便利，成本低

电力机车内部不设发电机，设备简单，检修周期长，维修工作量少，整备时间短，运营费用低。

5）工作条件舒适

电力机车在运行中产生的振动、噪声小，不排出有害气体，改善了机车乘务员的劳动条件。

6）适应能力强，过载能力强

电力机车牵引过载能力强，对恶劣自然条件有较强的适应性。电力机车下坡道时使用电阻制动或再生制动，提高了下坡的平均速度，从而提高了在困难区段的通过能力。

3. 电力机车的分类

电力机车一般是按照供电电流制及所采用的牵引电动机型式来分类的。根据电流制不同，电力机车可以分为直—直流电力机车、交—直流电力机车和交—直—交流电力机车三类。

1）直—直流电力机车

直—直流电力机车采用直流制供电，牵引变电所内设有整流装置，它将三相交流电变成直流电后，再送到接触网上。因此，电力机车可直接从接触网上取得直流电供给直流牵引电动机使用，驱动机车运行。该型机车结构简单，控制方便，易于维修，运用也比较可靠，而且容易实现再生制动。直流制的缺点是接触网电压不高（一般为1.5~3 kV），送电距离受到限制、变电所数目多，接触网结构复杂、笨重。

2）交—直流电力机车

交—直流电力机车采用交流制供电，机车上使用的牵引电动机为直流牵引电动机。目前世界上大多数国家都采用工频（50 Hz）交流制，或25 Hz低频交流制。在这种供电制下，牵引变电所将三相交流电改变成25 kV工频单相交流电送到接触网上，电力机车从接触网上获取交流电，然后在机车上完成把交流电变成直流电的任务。由于接触网电压比直流制时提高了很多，接触网导线的直径可以相对减小，减少了有色金属的消耗和建设投资，因此，工频交流制得到了广泛应用，世界上绝大多数电力机车也是交—直流电力机车。我国韶山系列机车为交—直流电力机车。

3）交—直—交流电力机车

交—直—交流电力机车采用交流制供电，机车上所使用的牵引电动机为交流牵引电动机。采用直流电动机的最大优点是调速简单，只要改变电动机的端电压，就能很方便地在较大范围内实现对机车的调速。但是这种电动机由于带有整流子，制造和维修变得复杂，体积也较大。而交流牵引电动机（即三相异步电动机，无整流子）在制造、性能、功能、体积、重量、成本及可靠性等方面远比直流牵引电动机优越得多。其之所以迟迟不能在电力机车上应用，主要原因是调速比较困难。改变端电压不能使这种电动机在较大范围内改变速度，而只有改变电流的频率才能达到目的。因此，只有在电子技术和大功率晶闸管变流装置得到迅速发展的今天，才能生产出采用三相交流电动机的先进电力机车。交—直—交流电力机车从接触网上引入的仍然是单相交流电，在机车上首先把单相交流电整流成直流电，然后再把直流电逆变成可以使频率变化的三相交流电供交流牵引电动机使用。这种机车具有优良的牵引能力，我国和谐系列电力机车为交—直—交流电力机车。

4. 我国电力机车发展史

1）韶山系列电力机车

（1）韶山$_1$型电力机车。韶山$_1$（SS_1）型电力机车是我国第一代（有级调压、交—直流传动）国产干线电力机车，首台机车于1968年试制成功，其原型机车为1958年试制的6Y1型电力机车（仿苏联20世纪50年代的H60型机车），但由于其三大件（引燃管、调压开关、牵引电动机）可靠性较差，在之后经历了三次重大技术改造，于1980年基本定型并投入批量生产。

韶山$_1$（SS_1）型电力机车如图6-2所示。

图6-2　韶山$_1$（SS_1）型电力机车

（2）韶山$_4$改型电力机车。韶山$_4$改（SS_4改）型电力机车是八轴重载货运机车，其由各自独立且又相互联系的两节四轴机车组成，单节车设有一套完整的系统，用车钩与连挂风挡连接，其间设有电气系统高压连接器、重联控制电缆，以及空气系统重联控制风管，司机可在其中任一节车的司机室对全车进行统一控制。另外，在机车两端还设有重联装置，可与一台或数台SS_4改型电力机车连接，进行重联运行。

韶山$_4$改（SS_4改）型电力机车如图6-3所示。

（3）韶山$_{7E}$型电力机车。韶山$_{7E}$（SS_{7E}）型电力机车是六轴、准高速、干线客运机车，是为满足中国铁路大提速的需要而设计的，其额定功率（持续制）为4 800 kW，最高运行速度为170 km/h，轴列式为C_0—C_0。首台SS_{7E}型电力机车（SS_{7E}0001）于2001年底下线，2002年初在京广铁路郑州—广水段进行安全评估试验期间，机车最高试验速度达187 km/h，并且在规定速度下，各项安全指标、平稳性指标均符合要求。

韶山$_{7E}$（SS_{7E}）型电力机车如图6-4所示。

图 6-3　韶山$_4$改（SS_4改）型电力机车

图 6-4　韶山$_{7E}$（SS_{7E}）型电力机车

（4）韶山$_9$型电力机车。韶山$_9$（SS_9）型电力机车为我国干线客运电力机车，其以成熟的韶山系列电力机车技术为基础，采用了许多国外机车的先进技术。其额定功率（持续制）为4 800 kW，最高运行速度为 170 km/h，轴列式为 C_0—C_0。机车主电路采用三段不等分半控桥整流电路，三台电动机并联，无级磁场削弱及加馈电阻制动，实现了机车全过程的无级调速。

韶山$_9$（SS_9）型电力机车如图 6-5 所示。

图 6-5　韶山$_9$（SS_9）型电力机车

2）和谐系列电力机车

（1）和谐 1 型电力机车。和谐 1（HXD_1）型电力机车是大功率干线货运电力机车，机车额定功率（持续制）为 9 600 kW，最高运行速度为 120 km/h，轴列式为 2（B_0—B_0），这款机车在被命名为“和谐”型前，被称为 DJ_4 型。机车由两节完全相同的四轴机车通过内重联环节连挂成八轴机车，成为一个完整系统。司机可在任何一端司机室对两节机车进行控制。机车车体采用全钢框架结构的中央梁承载方式，司机室外形呈微流线型。车内设备采用模块化结构、两侧屏柜化布置，并设中间贯通走廊。

和谐 1（HXD_1）型电力机车如图 6-6 所示。

图 6-6　和谐 1（HXD_1）型电力机车

（2）和谐 2 型电力机车。和谐 2（HXD_2）型电力机车为大功率交流传动货运机车，由中车大同电力机车有限公司与法国阿尔斯通交通股份公司在阿尔斯通公司的 PRIMABB43700 型电力机车的基础上联合开发，其额定功率（持续制）为 10 000 kW，最高运行速度为 120 km/h，轴列式为 2（B_0—B_0）。机车采用计算机网络控制，标准化、模块化设计，具有恒功范围宽、轴功率大、黏着特性好、功率因数高、谐波干扰小、维护率低、全寿命运营成本低、适用范围广等优点，是中国铁路装备技术现代化的重要标志性产品之一。

和谐 2（HXD_2）型电力机车如图 6-7 所示。

图 6-7　和谐 2（HXD_2）型电力机车

（3）和谐 2B 型电力机车。和谐 2B（HXD_{2B}）型电力机车为大功率交流传动电力机车，由中车大同电力机车有限公司研制生产，集成了当今世界大功率交流传动电力机车的先进技术，处于世界领先水平，是满足中国铁路重载货运紧迫需求的主型机车。机车总功率为 9 600 kW，最高运行速度为 120 km/h，轴列式为 $C_0—C_0$。该车主要针对铁路重载运输而设计，面向货运重载，满足国内大部分铁路线路的气候环境和煤炭装卸地的环境要求。

和谐 2B（HXD_{2B}）型电力机车如图 6-8 所示。

图 6-8　和谐 2B（HXD_{2B}）型电力机车

（4）和谐 3 型电力机车。和谐 3（HXD_3）型电力机车是中国铁路电力机车车型之一，早期被称为 SSJ_3 型、DJ_3 型和神龙 1 型，其由中车大连机车车辆有限公司和日本东芝公司联合研制。该型机车是为满足中国铁路客货运输需要而研发的大功率交流传动干线客货两用六轴电力机车，采用交—直—交流传动，额定功率（持续制）为 7 200 kW，最高运行速度为 120 km/h，轴列式为 $C_0—C_0$。机车总体设计采用高度集成化、模块化的设计思路，中间走廊、电气屏柜和各种辅助机组分功能对称布置在中间走廊的两侧；采用了规范化司机室，满足单司机值乘的要求。

和谐 3（HXD_3）型电力机车如图 6-9 所示。

图 6-9　和谐 3（HXD_3）型电力机车

（5）和谐3C型电力机车。和谐3C（HXD_{3C}）型电力机车是我国干线客货运电力机车车型之一，该型机车是在HXD_3型和HXD_{3B}型电力机车的基础上研制的，通过更换、增加供电绕组的主变压器，增加列车供电柜、供电插座、客货转换开关、双管供风装置等，使机车具有牵引旅客列车的功能。在采用PWM矢量控制技术等最新技术的同时，尽量考虑对环境的保护，减少维修工作量。该型机车以能够在中国全境范围内运行为前提，在满足环境温度在-40～+40 ℃，海拔高度在2 500 m以下的条件的同时，兼顾3组机车重联控制运行的要求。

和谐3C（HXD_{3C}）型电力机车如图6-10所示。

图6-10　和谐3C（HXD_{3C}）型电力机车

任务6.2 电力机车构造

1. 电力机车构成

电力机车由电气部分、空气管路系统和机械部分三大部分组成。

电气部分包括牵引电动机、牵引变压器、硅整流机组等各类电气设备。电气部分的作用是把取自接触网的电能转变为机械能，同时实现对机车的控制。

空气管路系统包括风源系统、制动机管路系统、控制管路系统和辅助管路系统。

机械部分包括车体、转向架、车体与转向架的连接装置和牵引缓冲装置。

SS_8型电力机车设备布置总图如图6-11所示。

电力机车机械部分各部分的作用如下。

1）车体

车体是电力机车上部车厢部分，车体由以下区域构成。

（1）司机室：机车乘务人员操纵机车的工作场所。

（2）机械间：用于安装各种电气和机械设备。

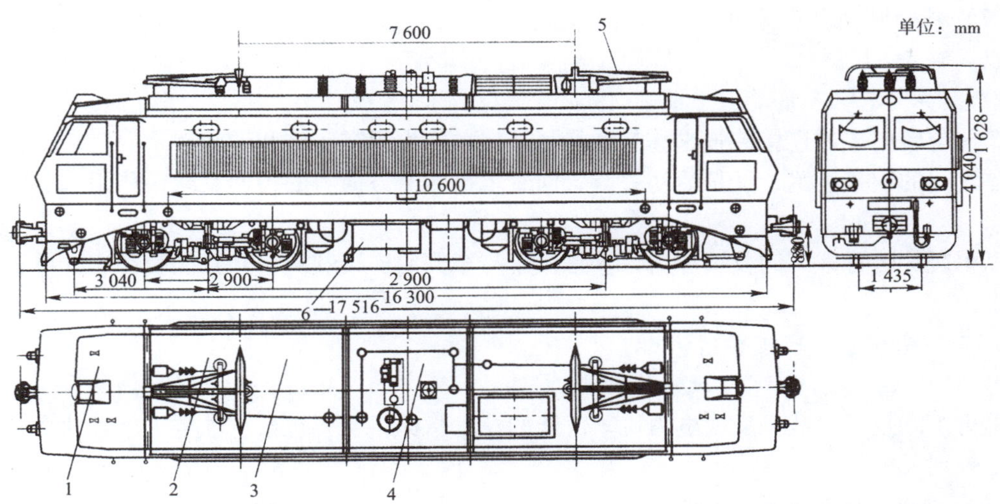

1—司机室设备布置；2—机械室设备布置；3—电器室设备布置；4—变压器室设备布置；
5—车顶设备布置；6—辅助设备布置。

图 6-11　SS_8 型电力机车设备布置总图

2）转向架

转向架是机车的走行部分，它是电力机车机械部分中最重要的组成部分，其主要包括以下组件。

（1）构架：转向架的基础受力体，也是各种部件的安装基础，承受和传递各种力。

（2）轮对：机车在线路上的行驶部件，由车轴、车轮及传动大齿轮组成。机车轮对如图 6-12 所示。

图 6-12　机车轮对

（3）轴箱：联系构架和轮对的活动关节，用于固定轴距，使轮对保持正确位置，安装轴承等。

（4）轴箱悬挂装置：也称一系悬挂装置，用于缓和线路不平顺对机车的冲击，并保证机车平稳运行。

（5）齿轮传动装置：通过降低转速，增大转矩，将牵引电动机的功率传给轮对。

（6）牵引电动机：将电能转变成机械能转矩，传给轮对。

（7）基础制动装置：机车制动机制动力的形成部分，主要由制动缸、传动装置、闸瓦等组成。

3）车体与转向架的连接装置

车体与转向架的连接装置也称二系弹簧悬挂，其设置在车体和转向架之间。它是转向架与车体之间的连接装置，又是活动关节，同时承担各个方向力的传递及减振作用。

4）牵引缓冲装置

牵引缓冲装置即车钩及缓冲器，它是机车与车辆的连接装置，并且能缓和连挂及运行中的冲击。

2. 电力机车主要技术参数认知

1）电力机车主要技术参数

电力机车技术参数是反映电力机车性能的技术指标，主要包括：轴重、单轴功率、构造速度、轴列式等。

（1）轴重。机车轴重，是指机车在静止状态下，每组轮对施加于钢轨上的重力。轴重越大，机车的黏着牵引力越大，但轴重越大，机车运行中对线路和机车本身的冲击破坏作用也越大，运行速度必然受到限制。

（2）单轴功率。机车每根轮轴所能发挥的功率，称为单轴功率。单轴功率反映机车牵引电动机和转向架的制造水平，它的设定依据为运行速度和牵引力的设计要求。轴重相同的条件下，单轴功率越大，机车所能达到的运行速度就越高，但单轴功率不宜过大，受牵引力的黏着限制，机车速度不高时，会出现功率有余而牵引力不足的现象。

（3）构造速度。转向架在构造上所允许的机车最高运行速度，称为机车的构造速度，反映机车和转向架的设计、制造水平。机车的运行速度应小于由机车构造所决定的最大安全速度。为了保证高速机车的运行平稳性和零部件使用寿命，其转向架的结构、工艺等方面应满足更高的要求。

（4）轴列式。机车轴列式是表示机车走行部分结构特点的一种方法。轴列式表示的是一台机车上转向架的数目和每台转向架上车轴的数量。车架式机车轴列式采用数字表示法，转向架式机车轴列式采用字母表示法。

① 数字表示法。用数字表示每台转向架的动轴数，注脚“0”表示每一动轴为单独驱动。无注脚表示每台转向架的动轴为成组驱动。数字之间的“—”表示转向架之间无直接的机械连接。

② 字母表示法。用英文字母表示每台转向架的动轴数，英文字母分别对应数字。

例如：SS_4改型电力机车的轴列式为 2（B_0—B_0），表示的含义为：SS_4改型电力机车是双机重联机车，每台机车有 2 台转向架，每台转向架上有 2 根车轴，每根车轴上都装有牵引电动机，转向架之间无直接的机械连接。

2）我国主要型号电力机车的技术参数

我国主要型号电力机车的技术参数见表 6-1。

表 6-1　我国主要型号电力机车的技术参数

项目	车型					
	SS_4改	SS_{7E}	SS_9	HXD_1	HXD_2	HXD_3
制造年份	1993	2002	2001	2006	2006	2003

续表

项目	车型					
	SS_4改	SS_{7E}	SS_9	HXD_1	HXD_2	HXD_3
轴列式	2（B_0—B_0）	C_0—C_0	C_0—C_0	2（B_0—B_0）	2（B_0—B_0）	C_0—C_0
最高运行速度/（km/h）	100	170	160	120	120	120
轴重/t	23	21	21	23/25	25	23/25
机车宽度/mm	3 100	3 105	3 105	3 100	3 100	3 100
机车落弓高度/mm	4 775	4 700	4 754	4 775	4 775	4 775±30
车钩中心线距/mm	2×16 416	22 016	22 216	35 222	2×19 025	20 846
车钩中心线高度/mm	880±10	880±10	880±10	880±10	880±10	880±10
转向架轴距/mm	2 900	2 150+2 150	2 150+2 150	2 800	2 600	2 250+2 000
转向架中心距/mm	8 200	11 570	11 570	8 900	10 060	—
车轮直径（新造/全磨耗）/mm	1 250/1 150	1 250/1 150	1 250/1 150	1 250/1 150	1 250/1 150	1 250/1 150
额定功率（持续制）/kW	6 400	4 800	4 800	9 600	10 000	7 200
传动方式	双侧刚性斜齿轮传动	单边直齿六连杆空心轴弹性传动	单边直齿六连杆空心轴弹性传动	交流电动机滚动抱轴承	单边直齿六连杆空心轴弹性传动	单边直齿六连杆空心轴弹性传动
牵引电动机悬挂方式	抱轴式半悬挂	全悬挂	全悬挂	抱轴式半悬挂	滚动轴承抱轴式半悬挂	滚动轴承抱轴式半悬挂
齿轮传动比	88/21	75/32	77/31	106/17	120/23	101/21
二系弹簧悬挂静挠度/mm	6	96	96	103	—	93. 1/107. 4
基础制动方式	独立作用式闸瓦间隙自调	独立作用式闸瓦间隙自调	独立作用式闸瓦间隙自调	轮盘制动单元	单侧双闸瓦带闸瓦间隙自动调整器的独立踏面制动单元	轮盘制动单元

项目 7 动车组

动车组基础知识
动车组构造

掌握动车组基础知识
掌握动车组构造

任务 7.1 动车组概述

1. 动车组的概念与发展概述

1）动车组的概念

动车组分为动力集中式和动力分散式两种类型，动力集中式列车是指动力装置集中安装在列车的两端，动力分散式列车是指动力装置分散安装在列车的几个车厢，由驾驶员通过驾驶室的计算机控制。

动车组动力分散配置有两种方式。一种是完全分散方式，即高速列车编组中的车辆全部为动力车（动车），如日本的 0 系高速列车，16 辆编组中的每辆车均是动力车（动车）。另一种是相对分散方式，即高速列车编组中大部分是动力车（动车），小部分为无动力的拖车，如日本的 100 系、700 系高速列车，16 辆编组中有 12 辆动力车（动车），4 辆拖车，即其动力配置组合为“12 动+4 拖”。

动力分散式动车组具有牵引功率大，最大轴重小，起动加速性能好，可靠性高，列车利用率高，编组灵活，运用成本低等诸多优点，因此，动力分散式动车组是当今世界高速动车组技术发展的方向。

动车组根据动力装置的不同可分为柴油动车组、燃气轮动车组和电力动车组三类。

动车组就是由动力车（动车）和拖车或全部由动力车（动车）长期固定地连挂在一起组成的车组。

按照这个定义，除高速铁路、城际客运、市郊客运运用的动车组外，城市中的地铁列车和轻轨电车也属于动车组。

动车组中带有动力的车辆称为动力车，简称动车（用 M 表示），不带动力的车辆称为拖车（用 T 表示），列车两端都带有司机室，可在线路上往复运行。

2）动车组的特点

高速动车组之所以受到各国政府的普遍重视，是由于其与高速公路和其他运输方式相比具有以下特点。

（1）旅客旅行时间短。中长途旅客选择乘坐交通工具，优先考虑的因素是旅行总时间，高速铁路旅行总时间比较短。

（2）安全性高和舒适度佳。安全和舒适也是旅客关心的因素，据统计，铁路运输行车事故造成的伤亡人数大大低于公路和航空运输。

（3）准时。公路和航空运输受气候影响较大，很难做到准点，有时还会停运，而高速铁路线路为封闭式的，有先进的列车运行与调度指挥自动化控制系统，能有效地保证正点运行。

（4）能源消耗低。据统计，各种交通工具平均每人公里的能耗，高速公路客运巴士是高速铁路的 1.02 倍，高速公路小轿车是高速铁路的 5.79 倍，飞机是高速铁路的 5.25 倍。

3）国外动车组的概况

目前世界上拥有时速 200 km 及以上动车组的国家，除中国外主要有日本、法国、德国、意大利、西班牙、韩国等。在我国相关企业发展高铁技术前，川崎重工、阿尔斯通、西门子和庞巴迪公司是掌握时速 200 km 及以上动车组集成和关键部件技术，并具有批量制造能力的主要制造商。

（1）日本高速列车。日本新干线铁路从 1964 年开始商业运营，目前高速铁路营业里程已超过2 300 km，最高运营速度为 300 km/h，最高试验速度达到 443 km/h。日本是发展动力分散式高速动车组的典型国家，研制了多种车型，其中最有代表性的车型是 500 系、700 系和 E2-1000 型。日本高速动车组的特点是：动车组可多达 16 辆编组、定员多，需要时也可灵活、方便地进行小编组运行，动车组轴重轻（最小轴重可低于 12 t），具有高密度运营、安全、正点、节能、经济性能好等特点。由于采用动力分散方式，动车组加速性能好。许多型号的日本高速动车组还采用了有源悬挂技术，使动车组在同样的线路条件下，乘坐的舒适性更好。

（2）法国高速列车。法国从 1970 年开始研制高速列车，最初选择采用燃气涡轮机为动力装置，造出了第一台样机 TGV-001，当时的试验速度达到了 320 km/h 。随着 1975 年第一次石油危机的到来，法国彻底放弃发展以燃气涡轮机为动力的高速列车发展计划，改为发展电力驱动型的高速列车。当时确定的机械和电气方面的技术原则大多沿用至今，法国高速列车已由第一代发展到第五代。

（3）德国高速列车。1991 年开始投入使用的 ICE-1 和其后投入运营的 ICE-2，还有 2002 年 8 月在法兰克福—科隆投入使用的运营速度为 300 km/h 的 ICE-3，以及在西班牙马德里—巴塞罗那高速铁路招标中中标的运营速度为 350 km/h 的 Velaro 高速动车组，均由西门子公司或以其为首的联合体生产制造。西门子公司在高速列车变流系统、计算机控制系统、通信系统、转向架、车体、总装、调试等技术方面有很强的实力。

西门子的动车组主要运用于德国铁路，也向其他国家出口。德国目前所使用的高速动车组有：ICE-1、ICE-2、ICE-3 和 ICT 等。其中 ICE-1 与 ICE-2 为动力集中式，而 ICE-3 为动力分散式，ICT 是为能在既有线上提高运行速度而开发的摆式列车。这些动车组均采用独立式转向架。西门子公司为西班牙提供的高速动车组 Velaro（ICE-3 的改进型），其最高运行速度达到 350 km/h。德国高速动车组的特点是既有动力集中式又有动力分散式，列车装修豪华，座椅宽大舒适，定员较少。德国高速动车组的制造工艺精细，但制造成本较高。

另外，意大利的菲亚特公司曾开发了 ETR450、ETR460、ETR470 等时速 200 km 及以上速度等级的摆式动车组，并批量为德国、芬兰、瑞士生产摆式动车组。菲亚特公司还开发了 300 km/h 的高速动车组 ETR500。

4）CRH 系列动车组

CRH（China railway high-speed），是 2007 年 4 月 18 日起，在中国铁路第六次大提速后开行的动车组列车。

2004 年 4 月 1 日，国务院审议通过了我国铁路史上第一个《中长期铁路网规划》，明确了“引进先进技术、联合设计生产、打造中国品牌”的动车组生产制造原则。原铁道部重点扶持了国内几家机车车辆制造企业，组织青岛四方-庞巴迪-鲍尔铁路运输设备有限公司（2008 年 12 月，青岛四方-庞巴迪-鲍尔铁路运输设备有限公司改名为青岛四方庞巴迪铁路运输设备有限公司，本书将前者简称为 BSP，后者简称为 BST）、中车青岛四方机车车辆股份有限公司（以下简称四方）、中车唐山机车车辆有限公司（以下简称唐客）、中车长春轨道客车股份有限公司（以下简称长客），研制、生产中国品牌的高速动车组。

2004 年 10 月，原铁道部组织完成了 140 列时速 200 km 动车组采购项目合同的签订，成功引进了川崎重工、庞巴迪、阿尔斯通的动车组技术。该合同内容包括：川崎重工与四方合作生产 60 列 CRH2；阿尔斯通与长客合作生产 60 列 CRH5；BSP 生产 20 列 CRH1（后又增加 20 列）。

2005 年 11 月，铁道部又组织完成了 60 列时速 300 km 动车组采购项目合同的签订，成功引进了西门子（与唐客合作）的高速动车组先进技术（CRH3）。

2006 年 7 月 31 日，国内首列国产化，时速 200 km 的动车组下线。

2007 年 2 月，中国铁路高速动车组以 160 km 的时速投入春运。

2007 年 4 月 18 日，铁路第六次大提速，中国铁路高速动车组（200 km/h）和“和谐型”大功率机车（7 200 kW）上线投入运营，它们被正式命名为“和谐号”。

2007 年 11 月 24 日，时速 300 km 的国产 CRH2-300 型“和谐号”动车组在四方下线。

2008 年 4 月 11 日，时速 300 km 的国产 CRH3 型“和谐号”动车组在唐客下线。

2008 年 8 月 1 日，京津城际客运专线投入运营，它是中国首条高速铁路客运专线（300 km/h），也是中国进入高铁时代的标志。

2008 年 8 月以来，京津、京沪、武广、郑西、沪宁等一批新建的设计时速 300 km 以上的高速铁路相继投入运营。大面积、高密度开行“和谐号”高速动车组列车，标志着我国铁路已走在世界高速铁路发展的前列。

2010 年 9 月 28 日，四方研制的国产“和谐号”CRH380A 新一代高速动车组，在沪杭高铁的试运行途中，最高时速达到 416.6 km。2010 年 12 月 3 日，在京沪高铁枣庄至蚌埠间的先导段联调联试和综合试验中，CRH380A 新一代高速动车组的最高时速达到 486.1 km。

2011 年 1 月 9 日，唐客自主创新研制的新一代 CRH380BL 高速动车组，在京沪高铁运行试验中，运行速度达到了 487.3 km/h。

虽然当时中国高速动车组的制造水平、管理水平等有了大幅度的提高，但在发展中也暴露出一些亟须解决的问题：一是在动车组技术引进、消化、吸收的基础上，尚未建立自主创新的技术平台，未完成国际领先水平的中国标准动车组的设计；二是动车组技术来源多样，尚未搭建统一的技术标准体系，截止到 2015 年，我国共有 4 个技术平台的近 20 种型号动车组，型号多、技术标准不统一，不能实现互联互通，甚至不能相互救援，动车组备用率高，给运营组织管理带来诸多不便；三是没有做到简统化，零部件尚未统型，每个平台需依赖自己的产品供应链，大量配件为独家供货，价格居高不下，造成维护备件储备量大，占用资金多，对铁路的经营效益产生不利影响。此外，由于缺乏自主知识产权使我国高铁在走出去的过程中，不断出现商务摩擦等问题。

5）CR 系列动车组

为了彻底解决当时中国动车组存在的平台多、型号杂，不同厂家生产的车型操作界面、零配件等不统一，维护、采购成本大等问题，按照党中央提出的建设创新型国家的战略，中国铁路总公司（现已改制为中国国家铁路集团有限公司，简称国铁集团）根据中国高速铁路发展和“走出去”的要求，组织启动“中国标准动车组”研制项目。“中国标准动车组”研制项目以市场为导向，力求全面提高自主化水平，构建、完善中国动车组技术标准体系，研制具有自主知识产权的标准化、系列化、简统化动车组产品，满足我国铁路事业发展的需求。

中国标准动车组是根据中国铁路特点制定的中国标准，进行自主设计制造的标准化平台性产品，由中国企业全面进行整车设计，软件全面自主化；为适应技术进步要求，大量应用新技术，以达到世界领先水平。

中国标准动车组采用 CR（China railway）为英文代号，不再采用 CRH 为英文代号，中文代号为复兴号。2017 年 6 月 26 日，中国标准动车组复兴号在京沪高铁首发。

6）CRH、CR 系列动车组的型号

CRH、CR 系列动车组是中国铁路在引进、消化、吸收相关技术后，打造的中国自己的动车组品牌。

中国已经生产的 CRH 系列动车组型号有 CRH1、CRH2、CRH3、CRH5、CRH380A/AL、CRH380B/BL、CRH380CL、CRH380D 等。CRH1、CRH2 和 CRH5 型动车组能适应在中国铁路既有线上运行，并能在中国铁路既有线指定区段及新建的客运专线上以200 km/h的速度正常运行，而 CRH2-300、CRH3、CRH380A、CRH380B 型动车组能在新建客运专线上以 300 km/h 及以上速度正常运行。中国已生产的 CR 系列动车组型号有 CR400AF、CR400BF。

（1）CRH1 型动车组是以庞巴迪公司的 Regina 型动车组为原型车，由 BSP 消化、吸收庞巴迪技术，研制生产的。

（2）CRH2 型动车组是以日本新干线的 E2-1000 型动车组为原型车，由四方消化、吸收日本川崎重工技术，研制生产的。

（3）CRH3 型动车组是以德国西门子公司的 Velaro-E 型动车组为原型车，由唐客消化、吸收德国西门子公司技术，研制生产的。

（4）CRH5 型动车组是以阿尔斯通公司的 SM3 型动车组为原型车，由长客消化、吸收阿尔斯通公司技术，研制生产的。

（5）CRH380A/AL 型动车组（CRH2-380 型），是原铁道部为运营新建的高速城际铁路及客运专线，要求四方在 CRH2-300 型动车组的基础上自主研发的高速动车组。这两款动车组不仅采用了现代科技与中国文化相融合的新车头造型，而且在列车总成、车体、转向架等关键技术研究和装备研制方面取得了实质性的突破。CRH380A 型动车组于 2010 年 9 月投入试运行。

（6）CRH380B/BL 型动车组是由唐客、长客，在 CRH3 型动车组的基础上自主研发的动车组，其是以 CRH3 型动车组产品技术平台为基础，以京津、武广等线路的运用实践经验为依托，以“高速列车国家科技支撑计划”为支撑研制开发的，以满足长编组、大运量的需求，其持续运营时速为 380 km，最高试验时速 487.3 km。2011 年 1 月，CRH380BL 型动车组在春运前夕投入沪杭客运专线的商业运营。

（7）CRH380CL 型动车组，是原铁道部为运营新建的高速城际铁路及客运专线，要求长客在 CRH3C、CRH380BL 型动车组的基础上自主研发的动车组。与 CRH3C 型动车组相比，CRH380CL 型动车组持续运营时速由 300 km 提高到 350 km，最高运营时速由 350 km 提高到 380 km，最高试验时速超过 400 km；在性能方面，以提高牵引功率、降低传动比及动车组气动外形减阻为优化重点；而在舒适度方面，主要采取提高列车减振性能、车厢降噪、加强车内气压控制等方式进行优化。

（8）CRH380D 型动车组是由 BST 基于庞巴迪 ZEFIRO 平台研发的。2013 年 4 月，在宁杭甬高速铁路线路上，CRH380D 型动车组的最高试验时速达 420 km。

（9）CR 系列中国标准动车组目前生产了两个型号：CR400AF（见图 7-1）；CR400BF（见图 7-2）。

图 7-1　CR400AF

图 7-2　CR400BF

2. 动车组相关编号规则

1）动车组型号及车组号编号规则

动车组型号及车组号示意如下：

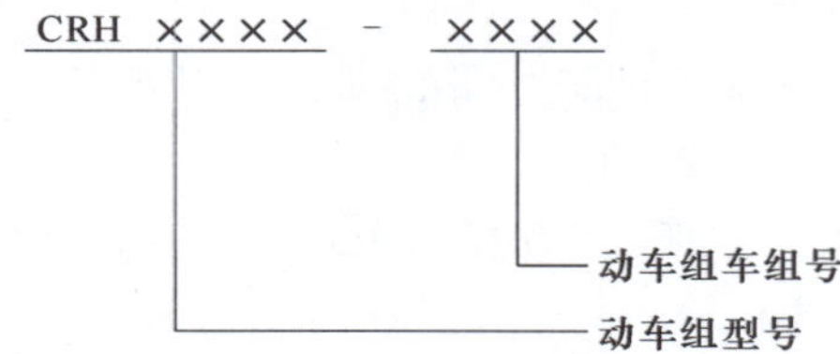

动车组型号的命名方式分技术序列代码命名方式和速度目标值命名方式两种。

（1）技术序列代码命名方式。

动车组型号及车组号（技术序列代码命名方式）示意如下：

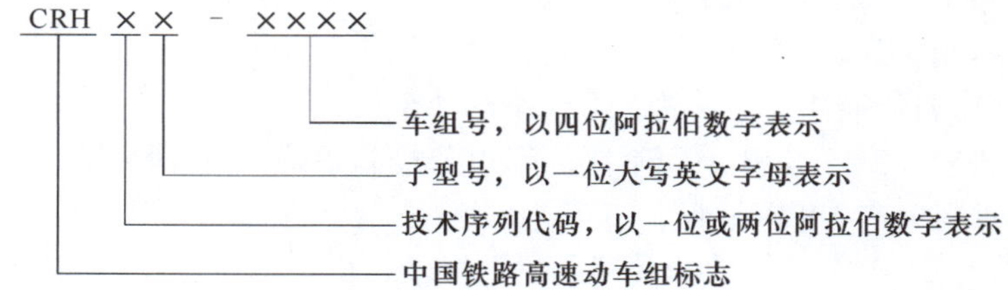

① 技术序列代码。

以阿拉伯数字表示，由1开始顺序排列。

1——BST研制生产的动车组；

2——四方研制生产的动车组；

3——唐客研制生产的动车组；

5——长客研制生产的动车组；

6——四方/浦镇研制生产的城际动车组；

7及后续数字——预留的动车组技术序列代码。

② 子型号。

以一位大写英文字母表示，由A开始顺序排列。

A——时速200~250km、8辆编组、座车动车组；

B——时速200~250km、16辆编组、座车动车组；

C——时速300~350km、8辆编组、座车动车组；

D——时速300~350km、16辆编组、座车动车组；

E——时速200~250km、16辆编组、卧车动车组；

F——时速160km、8辆编组、城际座车动车组；

G——时速200~250km、8辆编组、耐高寒座车动车组；

H——时速200~250km、8辆编组、耐风沙及高寒座车动车组；

I——预留；

J——综合检测动车组；

K及后续字母——预留。

（2）速度目标值命名方式。

① CRH系列动车组的速度目标值命名方式。

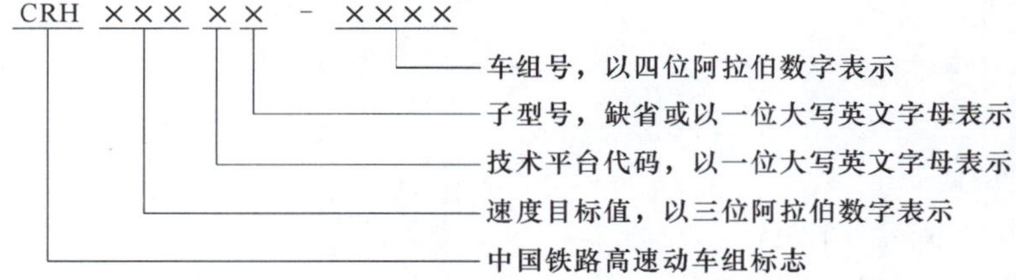

a）速度目标值。

速度目标值以动车组设计的最高运行速度目标值的三位阿拉伯数字表示，例如：

380——设计最高运行速度目标值为380km/h。

b）技术平台代码。

以一位大写英文字母表示，由A开始顺序排列。

A——四方研制生产、8辆编组、座车动车组；

B——长客/唐客研制生产、8辆编组、座车动车组；

C——长客研制生产（与B采用不同的牵引及控制系统）、8辆编组、座车动车组；

D——BST研制生产、8辆编组、座车动车组；

E——预留；

F——预留。

c）子型号。

以一位大写英文字母表示，由G开始顺序排列，缺省时为基本型。

G——耐高寒动车组；

H——耐风沙及高寒动车组；

I——预留；

J——综合检测动车组；

K——预留；

L——基本型的16辆编组动车组；

M——更高速度等级试验列车改为综合检测动车组；

N及后续字母——预留。

② CR系列动车组的速度目标值命名方式。

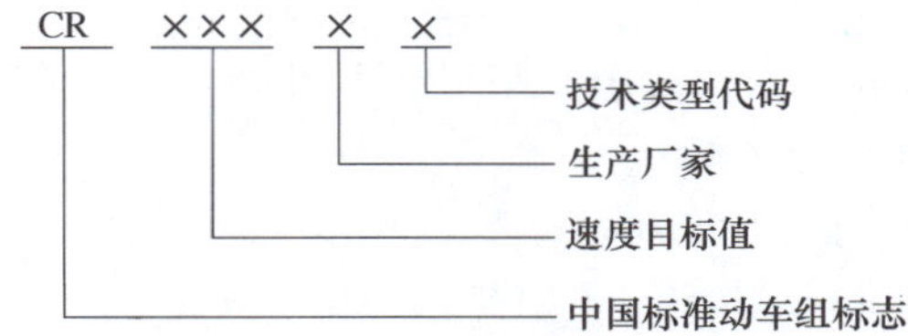

a）速度目标值。

速度目标值以动车组设计的最高运行速度目标值的三位阿拉伯数字表示。

400——设计最高运行速度目标值为400 km/h；

300——设计最高运行速度目标值为300 km/h；

200——设计最高运行速度目标值为200 km/h。

b）生产厂家。

A——四方生产制造；

B——长客生产制造。

c）技术类型代码。

F——动力分散式动车组；

J——动力集中式电力动车组；

N——动力集中式内燃动车组。

2）动车组中车辆的车种及车辆号编号规则

动车组中车辆的车种及车辆号示意如下：

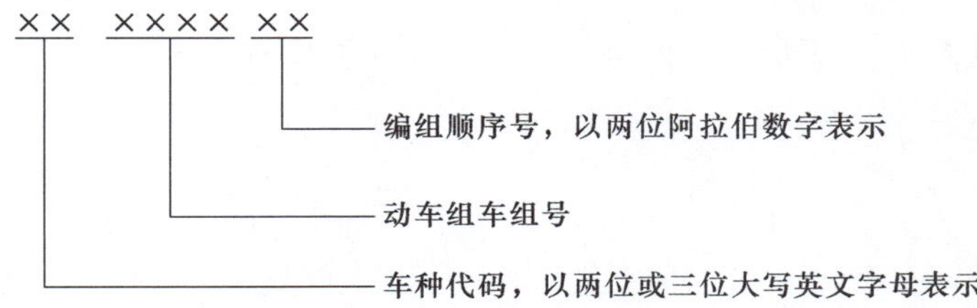

动车组中车辆的车种代码是车种名称的汉语拼音缩写。动车组中车辆的车种代码、车种名称及车种名称的英文见表 7-1。

表 7-1　动车组中车辆的车种代码、车种名称及车种名称的英文

序号	车种代码	车种名称	车种名称的英文
1	ZY	一等座车	first class coach
2	ZE	二等座车	second class coach
3	WR	软卧车	soft sleeper coach
4	WY	硬卧车	hard sleeper coach
5	CA	餐车	dining coach
6	SW	商务车	business coach
7	ZEC	二等座车/餐车	second class/dining coach
8	ZYS	一等/商务座车	first class/business coach
9	ZES	二等/商务座车	second class/business coach
10	ZYT	一等/特等座车	first class/premier coach
11	ZET	二等/特等座车	second class/premier coach
12	JC	检测车	detection car

示例：

ZYS 264201

ZYS——车种代码，一等/商务座车

2642——动车组车组号

01——编组顺序号

3）动车组座席号编号规则

动车组采用数字和字母组合的方式表示座席号，数字表示排号，字母表示位置。

（1）座席排号。

① 以阿拉伯数字表示；

② 商务座车从商务座端开始由 1 顺序编排；
③ 设无障碍设施的车辆从远离无障碍卫生间的车端开始由 1 顺序编排；
④ 餐座合造车从非厨房端开始由 1 顺序编排；
⑤ 其他座车从图 7-3 所示的 1 位端开始由 1 顺序编排。

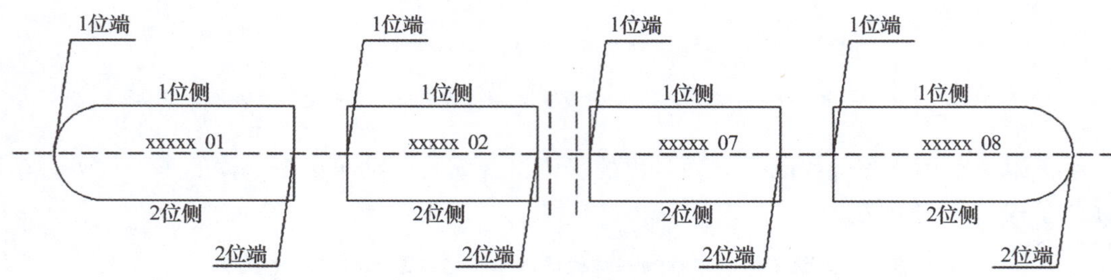

图 7-3　动车组定位示意图

（2）座席位置。

座席位置采用 A、B、C、D、F 5 个字母表示，具体要求如下。

① 3+2 座椅排列中，3 人座椅用 A、B、C 表示，分别代表靠窗、中间和靠走廊座席，2 人座椅用 D、F 表示，分别代表靠走廊、靠窗座席；

② 2+2 座椅排列（包括二等座车/餐车的餐座）分别用 A、C 和 D、F 表示；2+1 座椅排列分别用 A、C 和 F 表示；

③ 1+1 座椅排列（包括二等座车/餐车的餐座）分别用 A 和 F 表示。无论何种座席排列，A、F 代表靠窗座席，C、D 代表靠走廊座席。

任务 7.2 动车组构造

动车组由十三个系统组成，分别为车体及车端连接、转向架、高压牵引系统、辅助电气系统、供风及制动系统、驾驶设施、车内设施、车内环境控制系统、给排水及卫生系统、旅客信息系统、网络控制系统、列车运行控制车载设备和其他装置。

1. 动车组车体

1）动车组各车辆主要设备配置

CRH380A 型动车组各车辆主要设备配置如表 7-2 所示。

表 7-2　CRH380A 型动车组各车辆主要设备配置

车号	车种	车型	主要设备	备注
01	T1	二等座车	驾驶室、卫生间、盥洗室、观光区、电开水炉、电气控制柜、备品柜、行李室	

续表

车号	车种	车型	主要设备	备注
02	M1	二等座车	卫生间、盥洗室、电开水炉、电气控制柜、行李室、车上水箱	
03	M2	一等座车	卫生间、盥洗室、电开水炉、电气控制柜、备品柜、行李室	
04	M3	一等座车	卫生间、盥洗室、电开水炉、电气控制柜、行李室、车上水箱	带受电弓
05	M4	二等座/餐车	餐饮区、厨房、卫生间、盥洗室、乘务员室、机械师室、电开水炉	
06	M5	二等座车	卫生间、盥洗室、电开水炉、电气控制柜、行李室、车上水箱	带受电弓
07	M6	二等座车	卫生间、盥洗室、电开水炉、电气控制柜、行李室、备品柜	有无障碍设施
08	T2	二等座车	驾驶室、卫生间、盥洗室、观光区、电开水炉、电气控制柜、备品柜、行李室	

2）CRH380A 型动车组车体主要参数

头车车体最大长度：　26 250 mm。
中间车车体最大长度：　25 000 mm。
车体最大宽度：　3 380 mm。
车体最大高度：　3 700 mm。
车门处地板面高度：　1 300 mm。
车厢天花板高度：　2 235 mm。
轨距：　1 435 mm。
转向架中心距：　17 500 mm。
固定轴距：　2 500 mm。
车轮直径：　860 mm。
车钩高度：　1 000 mm。

3）车体材质

CRH380A 型动车组车体为薄壁筒形的整体承载式轻量化结构，侧墙和车顶采用大型中空铝合金型材组焊而成。其中，底架为边梁承载的无中梁形式，车下设备吊挂采用横梁承载、地板加强的滑槽式悬挂结构，牵引、枕梁、缓冲部位使用高强度型材拼接，强化了局部承载能力；空调风道布置在底架地板与车内地板之间；设备舱为全封闭螺栓固定形式；司机室采用数控加工板梁、蒙皮拼接结构。

为达到减少车体振动和降低车内噪声的目的，除侧墙窗口范围内沿纵向位置的两块型材和底架边梁外，在大型中空铝合金型材内部壁上均加装了热熔减振材料。

CRH380A 型动车组头车的三维图如图 7-4 所示，CRH380A 型动车组中间车的三维图如

图 7-5 所示。

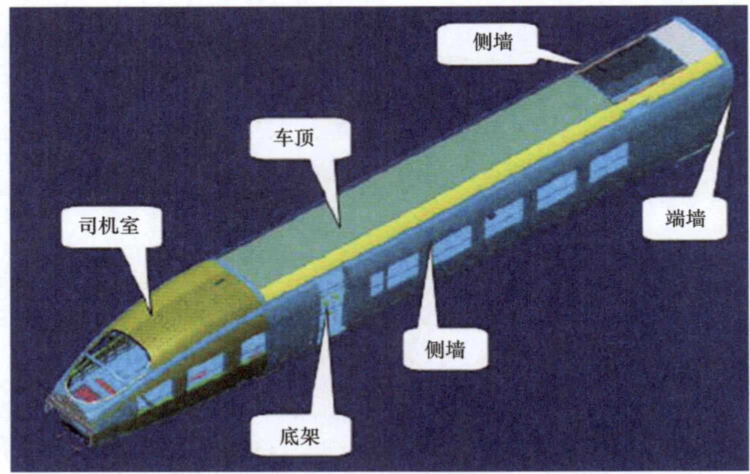

图 7-4　CRH380A 型动车组头车的三维图

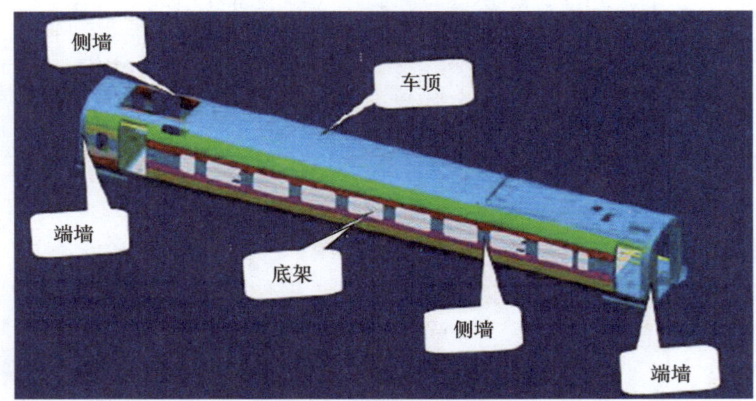

图 7-5　CRH380A 型动车组中间车的三维图

4）头罩装置

如图 7-6 所示，CRH380A 型动车组头罩装置由开闭装置、锁紧装置、头罩壳体三部分组成。

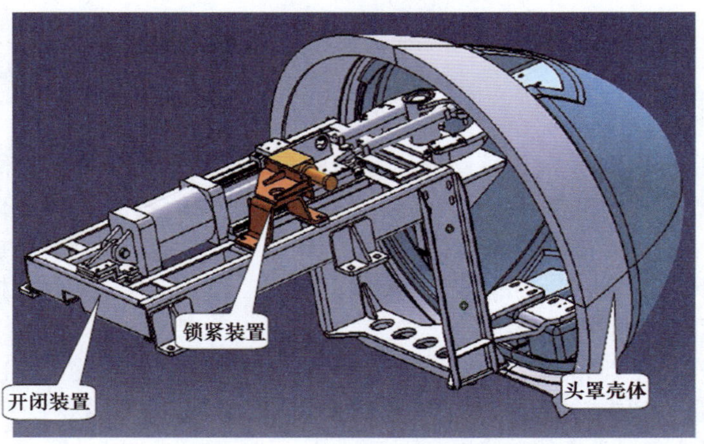

图 7-6　CRH380A 型动车组头罩装置组成

开闭装置是头罩装置的主体部分，它由主体框架、悬挂支架、安装翼、主推气缸、精密直线导轨组成。

锁紧装置起辅助保护作用，主要由框架和锁紧气缸组成。

头罩壳体采用玻璃钢材质，通过螺栓、定位销与上下安装翼连接，左右头罩通过定位销紧密闭合。

2. 转向架

转向架是动车组的基本组成部件之一，为动车组的走行部，位于车体下部，是保证车辆安全和舒适的关键部件之一，其在动车组运行过程中起承载、转向、缓冲、牵引、制动，以及传递纵向力、横向力、垂向力等重要作用。

动车组转向架分为动力转向架（动车转向架）和非动力转向架（拖车转向架），动力转向架和非动力转向架的主要结构基本一致，一般由构架、弹簧悬挂装置、轮对轴箱装置、牵引装置、基础制动装置及附件（踏面清扫装置、撒砂装置、排障器、信息接收天线、过分相感应接收器、接地装置等）组成，动力转向架还装有驱动装置。

1）转向架各部件作用

（1）构架——转向架的基础骨架，用于安装转向架的各个零部件，并承受和传递各种载荷。

（2）轮对和轴箱装置——轮对作为车辆与线路的关联系统，直接向钢轨传递重力。通过轮轨间的黏着产生牵引力或制动力，并通过车轮的回转实现车辆在钢轨上的运行（平移）；轴箱是连接构架与轮对的活动关节，它除了保证轮对进行回转运动外，还能使轮对适应线路不平顺等情况。

（3）悬挂装置——主要由弹簧、减振器、牵引装置等组成，用来平衡轴重分配，缓和线路不平顺对车辆的冲击，保证车辆运行的平稳性，并确保车辆通过曲线时使转向架能相对于车体回转灵活。CRH 系列动车组采用两系悬挂，一系悬挂装置悬挂在轮对和构架间，二系悬挂装置悬挂在构架与车体间。

牵引装置位于车体与转向架之间，主要用以传递车体与转向架间的纵向力（如牵引力和制动力）。

（4）驱动装置（仅动力转向架）——将动力装置的扭矩有效地传递给轮对，驱动车轮转动。

（5）基础制动装置——将制动缸压力，增大若干倍后传给闸片或闸瓦，使其压紧制动盘（或车轮），对车辆施行制动。

2）转向架结构

动车组动车转向架主要由构架、轮对装置、轴箱装置、一系悬挂装置、二系悬挂装置、驱动装置、基础制动装置和附件装置组成，该型动车组的 02、03、04、05、06、07 号车均安装有动车转向架。CRH380A 型动车组动车转向架的结构如图 7-7所示。

CRH380A 型动车组拖车转向架可分为中间转向架和端部转向架两类，两者结构基本相同，主要由构架、轮对装置、轴箱装置、一系悬挂装置、二系悬挂装置、基础制动装置、附件装置等组成，端部转向架上还装有排障器。该型动车组的 01 和 08 号车均安装有拖车转向架。CRH380A 型动车组拖车转向架的结构如图 7-8 所示。

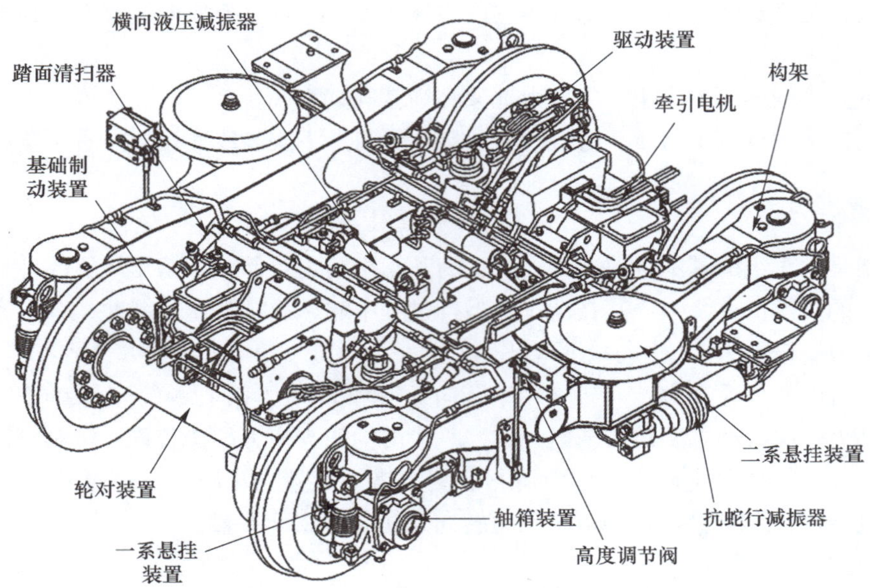

图 7-7　CRH380A 型动车组动车转向架的结构

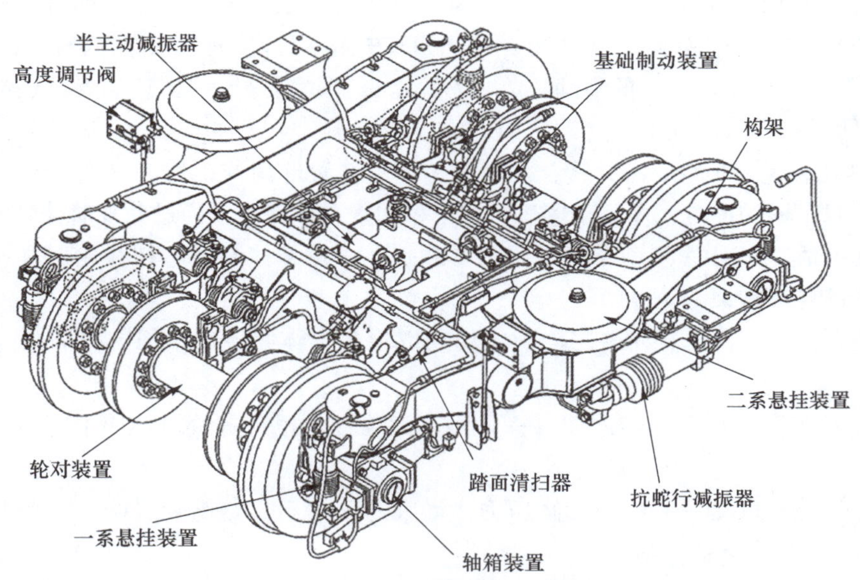

图 7-8　CRH380A 型动车组拖车转向架的结构

3. 制动系统

动车组制动系统由制动控制装置和基础制动装置两个子系统组成。

1）制动控制装置

制动控制装置由制动控制器、空气制动相关阀门及储气缸组成。

制动控制器安装在制动控制装置内，将从司机室发出的制动指令，经过中央处理装置和传输终端，通过光缆接收后，根据各车辆的载荷信号和速度信息运算出所需要的制动力，进行电制动及空气制动的控制；其与再生制动的协调控制，采用部分负担 T 车制动力的延迟

充气控制方式；其还具有滑行控制功能。对于空气制动的滑行，通过滑行控制阀来控制各轴的动作。对电制动的滑行，由电制动模式进行滑行轴的重新黏着控制。制动控制器还与传输终端互相进行信息传输，实时输出各种控制数据。

2）基础制动装置

动车组基础制动装置是利用杠杆原理，把空气制动部分的制动缸活塞推力，经过夹钳单元杠杆的作用，扩大适当倍数后，再使这个力较为一致地传到各闸片上，使闸片压紧制动盘，从而达到制动的目的。

动车组制动系统的基础制动装置安装在转向架上。目前动车组制动系统的基础制动装置主要采用摩擦式的盘型制动装置，对于速度高于250km/h的动车组来说，为了满足制动距离或制动减速度的要求，往往还需要磁轨制动或轨道线性涡流制动来补充制动力。在低速行驶的地铁动车组和传统铁道机车车辆上，基础制动装置还是以空气踏面制动为主，在较高速度的动车组上则采用盘型制动。盘型制动是制动时用制动闸片紧压制动盘，通过闸片与制动盘面间的摩擦，把列车的动能转化为热能而产生制动作用的制动方式。盘型制动的基础制动装置有两种类型。制动盘安装在车轴上的叫轴装制动盘，制动盘安装在车轮上的叫轮装制动盘。

4. 驾驶设施

CRH380A型动车组司机室设计为单人驾驶模式，司机操纵台在司机室中央。在每列编组的两端分别设置了一个司机室，由前端司机室实施动车组控制，两个司机室具有相同的结构与功能。司机室布置了动车组的主要操控设备，对全列车进行牵引、制动控制，同时控制全列车的空调、车门和广播等设备，还能检测动车组运行信息并进行故障诊断。

司机室是司机获取信息，做出决策并对有关系统进行控制，驾驶列车完成各种任务的工作场所。CRH各型号动车组司机室设施布置相近，功能相似，下面以CRH380A型动车组为重点进行具体介绍。司机室前部设置前窗，前窗设置有刮雨器和遮阳装置，以满足视野要求及提高驾乘舒适度；侧边设置侧窗，用于异常情况下的逃生；司机室与观光区之间的玻璃隔墙上，安装有门；中部设置操纵台和司机座椅，提供驾驶过程中的控制功能和乘坐条件；两侧设置电气控制柜，提供其他控制功能；司机搁脚台处安装有脚踏装置。

CRH380A型动车组司机室的设备布置如图7-9所示。

图7-9 CRH380A型动车组司机室的设备布置

CRH380A 型动车组司机室的设备布置剖面图如图 7-10 所示。

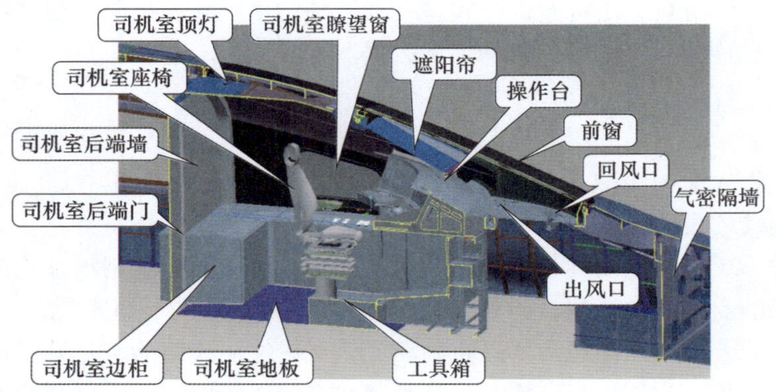

图 7-10　CRH380A 型动车组司机室的设备布置剖面图

CRH380A 型动车组的司机室分为三个区域：设备舱、操控区、电气柜区。操控区位于司机室的中间，前窗玻璃的下方，操控区与气密墙之间为设备舱，电气柜区位于司机室的后部。CRH380A 型动车组司机室的区域划分示意图如图 7-11 所示。

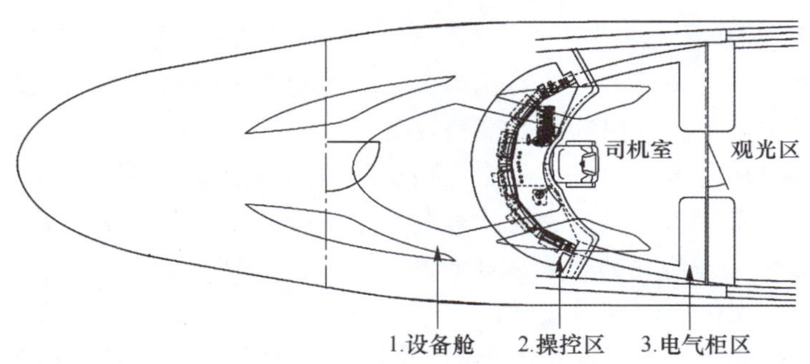

图 7-11　CRH380A 型动车组司机室的区域划分示意图

1）设备舱

设备舱里主要安装平时行车很少用到的设备，从操纵台右侧检修门可进入设备舱。

设备舱内安装有连接切换器、设备室灯、列车间隔检测装置、头灯电源控制盘、空调室内机、空调电源箱、空调变压器、辅助制动模式发生器等电气设备。为了方便配管、配线，与车头前部及车窗玻璃相关的设备均安装在设备舱里，如电源变换装置、刮雨器驱动装置、配管单元箱、气压开关、压力调节阀和缓冲风缸等设备。另外，气密墙上安装有中继用连接器、配线用连接器、风笛加热器、气压开关、车内压力释放阀等设备。

2）操控区

操控区主要包含操纵台和司机座椅两部分，操控区如图 7-12 所示。操纵台位于司机正前方、前窗玻璃的下方，由仪表盘、台面、下部中间台体、下部左台体、下部右台体组成。在操纵台上设置有通常需要或行驶期间需要使用的控制和指示元件。操纵台骨架上安装有牵引手柄、制动手柄等，操纵台前面的仪表盘上安装有刮雨器开关、连挂按钮、ATP 显示器、MON 车辆信息显示器和 CIR 显示器等显示设备。

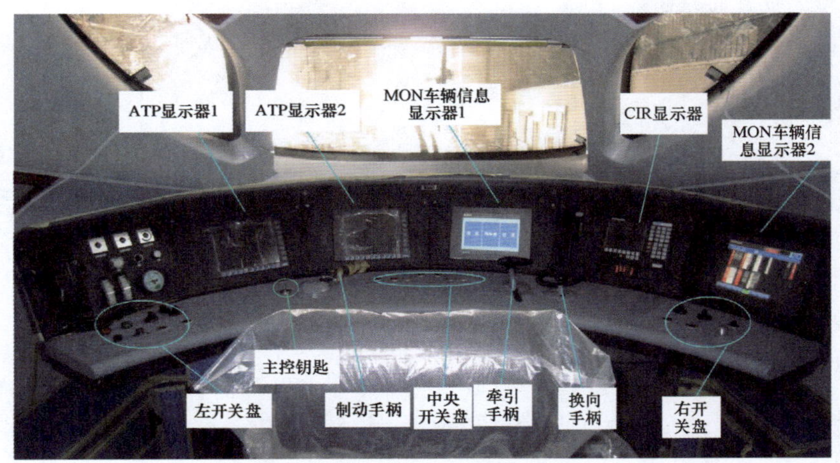

图 7-12 操控区

司机座椅下方设有设备箱，可存放常用的工具。

仪表盘竖立在操纵台台面上部，主要安装行车时需要观察及操作的各种设备。

操纵台台面左边设置有制动手柄和主控钥匙，右边设置有牵引手柄和换向手柄。在司机正前方的操纵台台面上布置有中央开关盘；在操纵台的左侧台面上布置有左开关盘；在操纵台的右侧台面上布置有右开关盘。

操纵台下部中间台体上设置有司机室电暖气、汽笛用笛阀等。司机前面设有暖气出风口，从前面的百叶窗出来的暖气吹向司机小腿部。操纵台的搁脚台的侧面，设有 AC 220 V 插座。

操纵台下部左台体设有空调冷风出风口。

操纵台下部右台体设有通向设备舱的通过门。

仪表盘上各设备需要检修时，可以在卸下其对应面板上的 2 个螺钉后，将该设备向外掀起并向上提，即可将该设备从操纵台上拆下并检修，这大大提高了检修效率。

3）电气柜区

司机室电气柜区位于司机室的后部。各设备组件按功能分组安装，一般将电气柜划分为 4 部分：右前电气柜、右后电气柜、左前电气柜、左后电气柜。

项目8 机车、动车组运用与检修

机车运用管理

动车组运用与检修

掌握机车运用管理知识

掌握动车组运用与检修知识

任务8.1 机车运用管理

机车运用工作的基本任务是：精心组织，为铁路运输生产提供满足需求的机车和机车乘务员，优质高效地完成运输生产任务；科学合理使用机车，推广先进经验，遵循经济规律，不断提高机车运用效率，促进资产回报；加强安全风险管理，确保行车和人身安全；加强职工队伍建设，不断提高职工的政治素质、技术素质和业务水平。

1. 机车运用工作组织机构及其职责范围

机车运用管理工作要贯彻统一指挥、分级管理的原则，充分发挥各级职能部门的作用。机车运用管理工作分为中国国家铁路集团有限公司（简称国铁集团）、铁路局集团有限公司（简称铁路局）、机务段三级管理。

1）国铁集团职责

（1）负责国铁集团所属铁路机车的运用管理，制定机车运用安全管理、机车乘务员管理等有关规章制度和技术标准。

（2）负责规划、调整国铁集团机车配属，进行集中配置，协调机型，衔接干、支线工作；追求资产配置效率和效益最大化，淘汰落后产能，加快设备升级换代，满足国铁集团运输计划需要，适应生产力布局调整要求。

（3）按照“机车长交路、乘务区段化”原则，规划和审核跨铁路局机车和乘务交路方案及有关技术标准；进行列车运行图编制，负责组织机车周转图编制。

（4）制定机车运用、安全管理等人员的培训规划并组织实施；组织开展职业技能竞赛。

（5）负责跨铁路局机车调度指挥，确保机车供应，提高机车运用效率；综合评价和考核铁路局机车运用工作。

（6）参与或组织有关事故的调查分析及整改措施制定工作。

（7）规划全国铁路救援列车布局，指导救援列车专业管理工作。

（8）组织进行安全生产检查，开展安全生产规范化、标准化创建工作。

2）铁路局职责

（1）全面负责本局机车运用、安全管理等工作。贯彻执行国铁集团有关机车运用、安全管理等方面的规章制度，制定相关办法、作业标准及实施细则并组织实施。

（2）负责根据承担的跨铁路局机车长交路和管内运输任务变化，结合机车检备率提出机车购置和调整建议，确定管内机务段的机车配置及调拨；综合分析机车运用情况，考核管内机车运用工作，提高机车运用效率。

（3）负责确定管内机车交路、乘务交路、乘务制度，组织查定牵引定数、运行时分、自外段技术作业时分、折返时分等技术标准；参加编制列车运行图、机车周转图并组织实施；指导编制列车操纵示意图；负责对铁路局机车调度工作进行专业指导。

（4）负责机车乘务员管理工作，根据图定担当任务及运输发展需求，在满足机车乘务员培训率和预备率，严格执行国家工作时间和休假有关规定的基础上，制定机车乘务员配备计划；组织机车乘务员培训、考核和鉴定；开展机车乘务员职业技能竞赛。

（5）参与或组织有关事故、设备故障的调查分析及整改措施制定工作。

（6）负责全局救援列车管理。

（7）定期组织开展安全生产监督检查及评比活动，开展安全生产规范化、标准化创建工作。

3）机务段职责

（1）贯彻执行国铁集团、铁路局有关机车运用、安全管理等方面的规章制度、管理办法、作业标准及实施细则，制定具体的实施措施并组织落实，提供满足需求的机车和机车乘务员，安全、优质、高效地完成运输生产任务。

（2）按照逐级负责、岗位负责、分工负责、专业负责的要求，实行机务段、运用车间、运用车队、乘务指导组（班组）四级管理模式。

（3）坚持机车运用集中配置、统一管理，推行地乘分离，减少机车乘务员辅助作业时间，实行专业整备管理模式，完善机车整备设备设施，提高机车运用效率、机车乘务员劳动生产率及机车保养质量，定期分析机车运用工作，提出改进建议。

（4）负责机车乘务员管理和日常培训，加大科技投入，完善教育培训设施，应用实物教学、网络教学等培训手段，努力提高机车乘务员技术业务水平和操纵技能；组织编制作业指导书及列车操纵示意图、操纵提示卡。

（5）负责对事故、设备的故障进行分析并制定防范措施；负责本段救援列车的日常管理及现场救援指挥工作。

（6）改善职工生产、生活条件，开展职工健身活动，提高机车乘务员身体素质，定期组织机车乘务员参加体检。

（7）积极推行管理和技术创新，开展企业文化建设，并在实践中不断总结经验，巩固和提高机车运用、安全管理水平。

2. 机务段专业管理职责

1）运用科

（1）负责制定全段机车运用方案并组织实施；参与机车长交路、跨局（段）轮乘有关协议的签订。

（2）参与检查牵引定数、运行时分、机车折返和整备作业时分等技术标准的落实情况；组织编制作业指导书、列车操纵示意图、操纵提示卡。

（3）负责按照列车运行图、机车周转图确定的方案组织生产；依据运输任务变化及时提出机车和乘务员调整、补充方案。

（4）负责接收、核对、传达调度命令；编辑、审核、发布运行揭示和 LKJ（列车运行监控记录装置）临时数据文件。

（5）定期和不定期（专题）分析机车运用效率指标、运输生产任务和机车乘务员超劳情况，提出整改建议及措施；参加机车检修计划编制并组织按计划扣车。

（6）负责机车调度室的日常管理和机务派班室的专业管理工作。

2）安全科

（1）负责制定安全风险管理实施办法，建立安全风险控制数据库，动态分析、研判安全风险，定期进行安全风险评估检查，完善安全风险控制措施。

（2）负责安全生产的日常监督检查和劳动安全管理工作，分析职工执行作业标准、劳动纪律、作业纪律情况，及时发现倾向性问题，提出改进意见和措施。

（3）负责日常安全信息收集、汇总、分析和上报等管理工作；参与事故调查和分析并制定整改措施。

（4）负责施工安全的专业管理。

（5）负责救援列车的专业管理，组织开展应急演练。

（6）负责行车安全装备的运用管理，组织开展相关情况的分析工作。

3）运用车间

根据担当客运、货运等工作任务的性质和牵引区段情况，因地制宜地确定运用车间的编制人数（原则上不得超过 800 人）。运用车间的主要职责如下。

（1）贯彻执行涉及机车运用和安全的规章、制度、标准、细则，落实安全生产责任制度和安全措施。

（2）负责机车乘务员管理，加强对机车乘务员队伍的业务技术、思想动态进行分析，组织机车乘务员进行业务学习和典型事故案例分析；开展岗位练兵和劳动竞赛，监督、考核机车乘务员标准化作业的日常执行情况，配合完成机车乘务员标准化作业的年度鉴定；按照调度日班计划，提供素质达标、满足需求的机车乘务员。

（3）加强运用车队和指导司机管理，组织开展标准化班组建设，落实岗位责任制，推行工作标准和工作质量考核制度；配合完成指导司机的技术业务年度鉴定工作。

（4）严格落实安全风险管理要求，根据运输生产任务变化，加强安全风险研判，完善安全风险控制表和岗位安全风险提示卡，组织对现场作业进行检查（抽查），加强行车安全装备记录数据的分析工作，不断提高安全防控能力；反馈机车故障信息，提出质量改进建议，参与相关的机破、临修分析工作。

（5）负责运用车队、机务派班室和驻外公寓指导室的管理。

运用车间按运用、安全、教育（质量）及人员管理等设置专业管理副主任；按运用、安全、乘务、操纵、教育、劳动计工等工作设置技术人员。运用车间设置运用车队（原则上不超过 200 人）。乘务指导组由 1 名指导司机任组长。实行轮乘制的，原则上由 10~15 个机班组成，人员控制在 25 人以内；实行包乘制的，原则上由 3~4 台机车组成。铁路局、机务段每年组织对指导司机队伍进行综合分析评价。

根据任务需要，设置驻公寓指导室，配备值班人员，负责机车乘务员待乘管理，传达重要事项，组织业务学习，进行机车乘务员交路临时调整，办理机车乘务员出寓请、销假手续，进行酒精测试等。

驻公寓指导室应配备计算机、具备录音功能的电话、传真机、打印机、酒精测试仪等相关设备。所在铁路局负责为其开通铁路办公网络。

乘务交路需在车站继乘、换班时，由所在铁路局按规定设置继乘室，安装铁路长途自动电话、与车站信号楼的直通电话、列车进路表示系统、冷暖空调，配备办公桌椅、工具备品柜、卫生间等设备；可在车站或公寓设置机务派班室。

机务段机车调度员应从担当乘务工作不少于 1 年的机车司机中选拔产生；指导司机应从担当机车调度工作不少于 1 年的调度员中或担当乘务工作不少于 2 年的机车司机中竞聘产生；运用安全管理人员原则上应从具有一年及一年以上指导司机任职经历的现职指导司机中选拔产生。

3. 机车运用管理规定

机车运用管理包括机车交路和乘务制度，牵引定数、运行时分、技术作业时分，机车周转图，机车运用计划及分析，机车整备，登乘机车管理 6 个方面的内容。

1）机车交路和乘务制度

（1）机车交路。机车交路是机车固定担当运输任务的周转区段。其按用途分为客运机车交路和货运机车交路；按机车运转方式分为循环运转制机车交路、半循环运转制机车交路、肩回运转制机车交路和环形运转制机车交路等。机车运转方式也叫机车运转制或机车周转方式，即机车在交路上担当任务，往返于机务段与折返（机务）段之间的运行方式。机车运转方式有以下几种。

① 循环运转制机车交路。机车担当机务段所在站相邻两个或更多牵引区段的列车牵引任务，除需要进入折返段进行技术作业或因修程需要入机务段外，机车均在机务段所在站进行乘务员换班和整备作业，直到需要定期检修时才进入本段的机车运转方式叫循环运转制机车交路。循环运转制机车交路如图 8-1 所示。

② 半循环运转制机车交路。机车担当机务段所在站相邻的两个区段的列车牵引任务，除需要进入折返段进行技术整备外，机车第一次返回机务段所在站时不入段，仅进行乘务员换班作业，第二次返回机务段所在站时才入机务段进行技术整备作业的机车运转方式叫半循环运转制机车交路。半循环运转制机车交路如图 8-2所示。

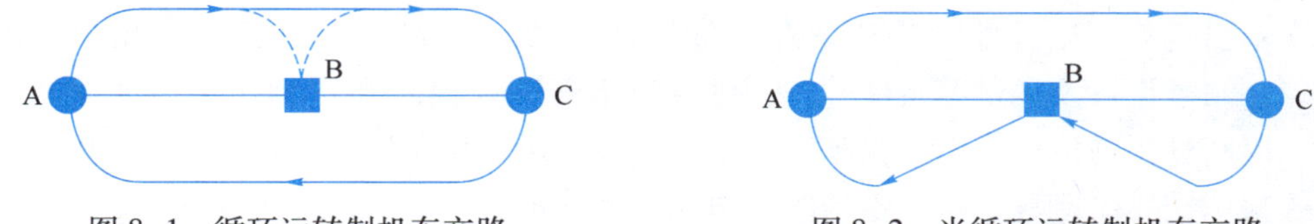

图 8-1　循环运转制机车交路　　　　图 8-2　半循环运转制机车交路

③ 肩回运转制机车交路。机车担当机务段所在站相邻两个区段的列车牵引任务，机车除在折返段整备外，每次返回机务段所在站时，都入段进行技术作业的机车运转方式叫肩回运转制机车交路。肩回运转制机车交路如图 8-3所示。

④ 环形运转制机车交路。机车在牵引区段内或枢纽区段内，担当两次及两次以上往复的列车牵引任务后，再进入本段进行技术整备作业或在固定日期进入本段进行技术整备作业的机车运转方式叫环形运转制机车交路。环形运转制机车交路适用于小运转列车、城际列

车、通勤列车及动车组等。环形运转制机车交路如图 8-4 所示。

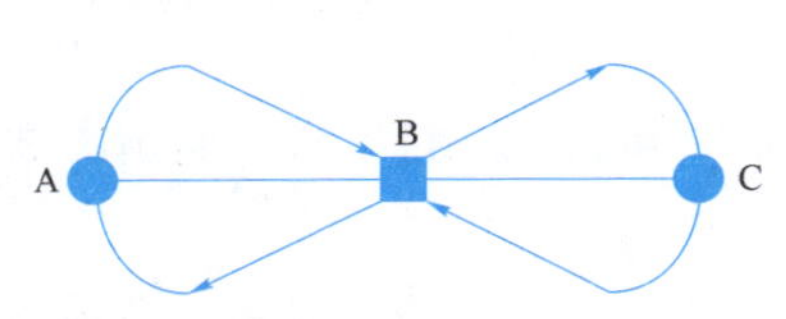

图 8-3　肩回运转制机车交路

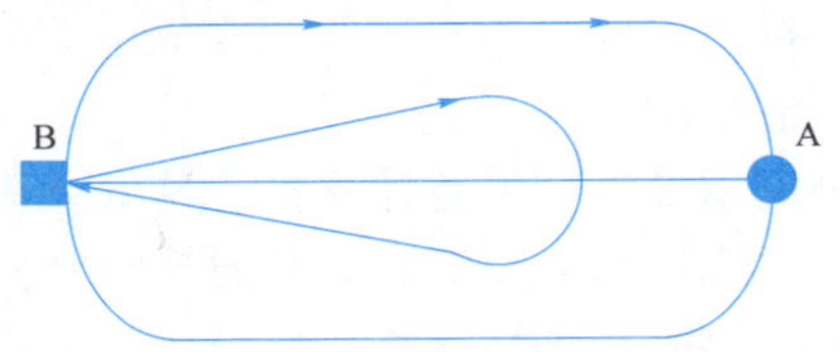

图 8-4　环形运转制机车交路

机车交路按区段距离分为一般机车交路和长交路。客运机车交路区段距离在 800 km 以上、货运机车交路区段距离在 500 km 以上的为长交路。国铁集团负责确定跨局机车长交路并定期公布。

（2）机车交路的设置原则。

① 充分利用运输设备条件，根据列车编组站分工，推行“机车长交路、乘务区段化、循环运转制”的运用模式，实行机车集中配置，乘务分段担当，向同方向或多方向延伸覆盖，提高运用效率。

② 根据路网特点和机车续行能力，科学、合理地确定机车交路，兼顾机车整备、检修能力，统筹安排机车乘务员休息和工作时间，满足运输生产需求。

③ 充分利用各类机车性能，逐步统一干线和跨线牵引定数，提高机车运用效率和运输能力。

④ 根据机务生产力发展水平，坚持近期与远期相结合的原则，不断完善和优化机车交路。

（3）机车乘务制度。

机车乘务制度是机车乘务员使用机车的制度，分为轮乘制、包乘制、轮包结合制。若按值乘方式其分为标准班、单班单司机、双班单司机。

机车乘务制度的选择应符合工作时间标准和运输需要，积极推行标准班，管内具备条件的可实行单班单司机，严格控制双班单司机。干线机车实行轮乘制，调车机车、小运转机车可实行包乘制。担当固定调车作业的调车机车乘务员原则上采取小四班轮班方式。

应根据机车交路、乘务制度和工作条件，合理采用机车运转制和乘务员换班方式。

2）牵引定数、运行时分、技术作业时分

机车牵引定数、运行时分，应根据线路纵断面、机车类型、供电能力、地区海拔高度、气候特点、站场设备及运量等条件，按《铁路技术管理规程》和《列车牵引计算规程》进行科学、周密计算并使用牵引试验车实地牵引试验查定。相关指标在铁路局管内的由铁路局确定，并报国铁集团备案；跨铁路局的由国铁集团确定。

（1）牵引定数、区间运行时分查定的原则和要求。

① 本着科学、合理的原则，发挥机车功率、优化操纵水平，满足运输需要。

② 畅通分界口，按线、按方向尽可能平衡一致，兼顾邻线衔接。

③ 严格遵守线路允许速度，车站到发线有效长度，机车、车辆构造速度，下坡道闸瓦压力限制速度，长大下坡道制动周期限制速度，长大隧道限制速度及机车持续速度等各项限速的规定，确保行车及人身安全。

④ 牵引定数、区间运行时分确定后，未经批准不得变更。

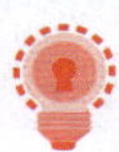

（2）机车牵引定数的有关规定。

① 波动尾数：旅客列车及特快货物班列按规定牵引辆数不上波，时速 120 km 的货物列车按牵引辆数和牵引定数不上波，其他货物列车的波动限定在 81 t 以内。线路坡度在 12.5‰以上的区段，长大隧道牵引定数在 1 500 t 及其以下的波动尾数，铁路局管内的由铁路局制定，跨铁路局的由相关局协商报国铁集团批准。

② 因天气不良、施工慢行、列车限速等情况，需要临时减吨时，铁路局管内的由铁路局确定，跨铁路局的由相关铁路局协商确定。

③ 货物列车普超吨数应合理查定，严格掌握，并在编制基本列车运行图、机车周转图时重新核定。铁路局管内的普超吨数由铁路局确定，跨铁路局的普超吨数由国铁集团确定。天气不良时应按牵引定数编组列车。

机车在站（段）技术作业时分，机车乘务员出、退勤作业时分，应根据站（段）设备情况和管理模式、机车类型、乘务制度及技术作业程序等，按科学、合理原则，进行实地查定。

3）机车周转图

列车运行图和机车周转图是组织运输生产的依据。机车周转图与列车运行图一样，是运用坐标原理表示机车运行的一种图解形式，是根据所采用的机车运转方式和机车乘务员乘务方式按列车运行图的需要编制的机车工作计划、绘制的机车实际工作过程，是机车运用的原始资料。

（1）机车周转图的分类。

机车周转图分为：基本机车周转图、分号式机车周转图、日（班）计划机车周转图和实际机车周转图。

基本机车周转图与列车运行图同时编制。机车周转图编制完成后，应同时查定机车运转方式、乘务制度、乘务方式、机车走行公里、使用台数、全周转时间（包括纯运行、中间站停留及机车在自外段、站停留时间）、日车公里、旅行速度、技术速度、机车使用系数、机车乘务员使用人数等技术指标，经国铁集团或铁路局批准后执行。

分号式机车周转图（货车），是在基本列车运行图的基础上，根据运量波动情况编制而成。制定分号式机车周转图（货车）均须查定货运机车走行公里、使用台数、日车公里等指标，并有机车检修扣车安排。其中，日车公里应保证年度机车运用计划的要求。

铁路局和机务段应统一配备和使用机车周转图编制软件，计划和实际机车周转图编制以铁路运输生产信息平台为依托，实现跨局机车交路编制及资源共享。

（2）机车周转图的表示方法。

机车周转图是以横坐标表示时间（使用小时格或十分格），纵坐标表示距离，斜线表示机车运行线及机车接续连接线组成的图解形式。

机车周转图的整个横轴代表一天的时间，分成 24 小时等分格，每格代表 1 小时，横轴的起终时刻一般以 18 点标注并顺序标注时刻。整个纵轴代表机车交路区段，距离的比例视使用的机车交路图图纸的大小而定，对机务段、折返段、折返点和乘务员换乘所在站以不同横线标注，中间站以细横线标注。周转图的左侧应注明乘务方式、区段公里、最短机车折返时间标准等，右侧标明站名。机车周转图运行线与列车运行图运行线的表示方法相同，但只填写机车折返（含乘务区段）区段站的始发和终到时刻，其分钟数标在相应小时的格内，以数字表示，列车车次和机车型号标注在机车运行线的斜线上。机车周转图示例如图 8-5 所示。

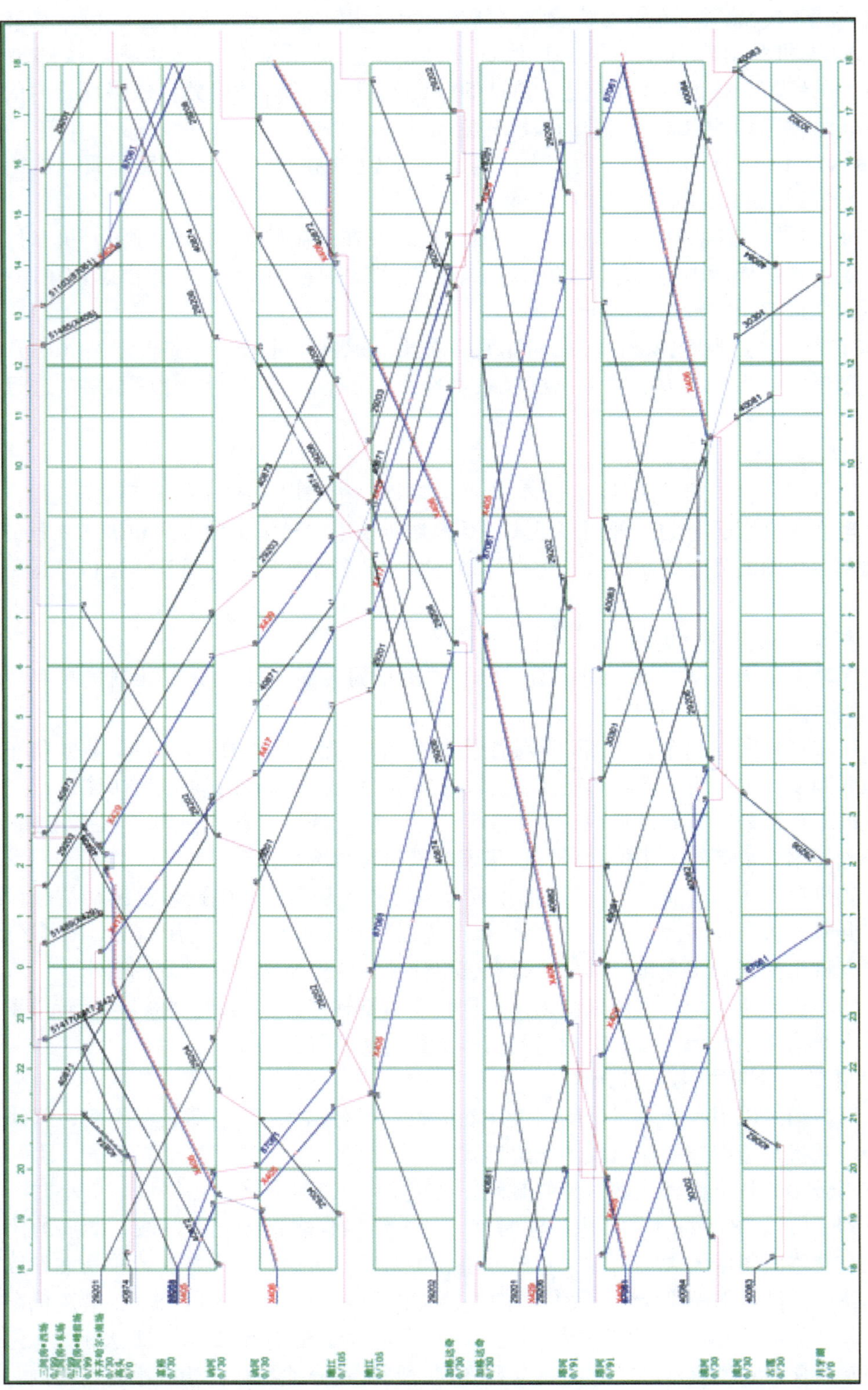

图8-5 机车周转图示例

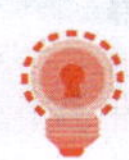

列车开行密度较大的区段，为解决列车到、开时分标注的困难，可采用图 8-6 所示的标注方法。

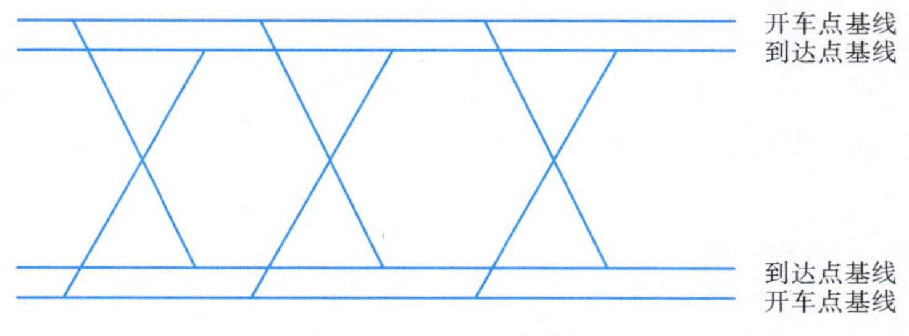

图 8-6 到、开时分标注示意图

① 列车运行线的表示方法。

列车运行线的表示见表 8-1。

表 8-1 列车运行线的表示

列车种类	表示方法	备注
旅客列车	红单线 ————	以车次区分
临时旅客列车	红单线加红双杠 —‖—‖—	
回送客车底	红单线加红方框 —□—□—	
行包列车	蓝单线加红圈 —○—○—	
“五定”班列	蓝单线加蓝圈 —○—○—	
快速货运、直达、重载列车	红单线 ————	以车次区分
直通、自备车、区段、小运转列车	黑单线 ————	以车次区分
冷藏列车	黑单线加红圈 —○—○—	
军用列车	红色断线 - - - - - - - -	
回送军用列车	红色断线加红方框 —□—□—	
超限超重货物列车	黑单线加黑方框 —□—□—	
摘挂列车	黑单线加“+”“|”—+—|—	

续表

列车种类	表示方法	备注
路用列车	黑单线加蓝圈 —○—○—	
单机	黑单线加黑三角 —▷—▷—	
高级专列及先驱专列	红单线加红箭头 —→—→—	
救援和除雪列车	红单线加红“×”—×—×—	
重型轨道、轻油动车	黑单线加黑双杠 —‖—‖—	

② 列车运行及运行整理符号。

列车运行及运行整理符号见表 8-2。

表 8-2　列车运行及运行整理符号

名称	表示符号图例	备注
列车始发	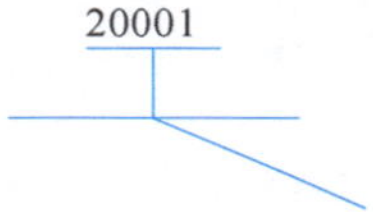 20001	
列车终止	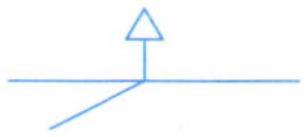	
列车在中间站临时停车	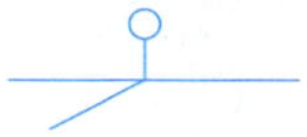	
列车由邻接区间转来	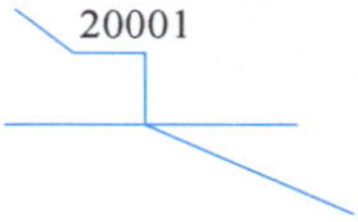 20001	
列车开往邻接区间	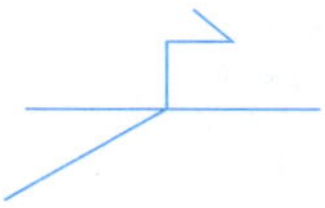	
列车合并运行	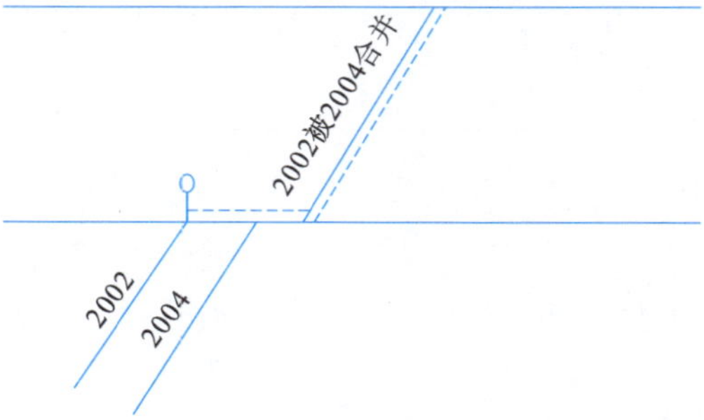 2002被2004合并 2002 2004	列车运行线上注明某次列车被合并

续表

名称	表示符号图例	备注
列车让车	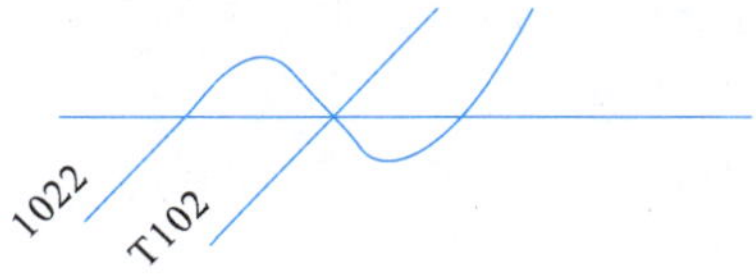	
列车反向运行	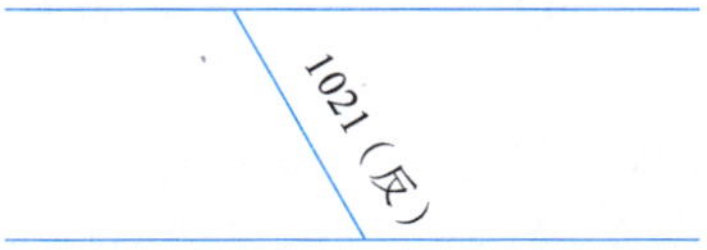	在反方向运行区间的运行线上填写车次及“（反）”
列车在区间内分部运行	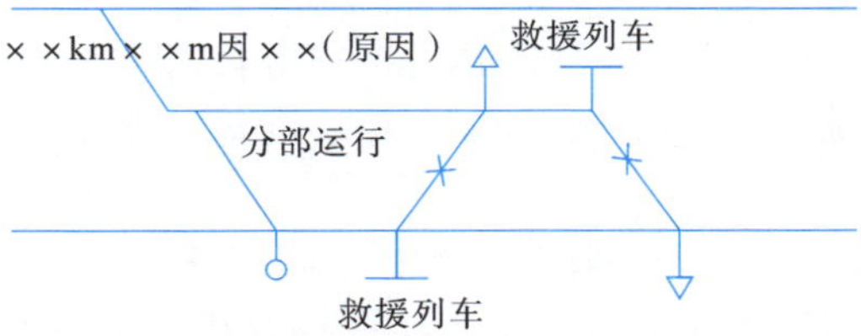	
补机途中折返	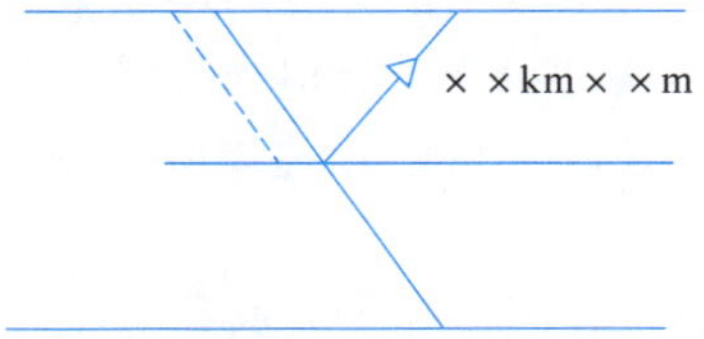	

4）机车运用计划及分析

机车运用计划的编制应遵循列车运行图和机车周转图的技术要求，综合考虑机车和机车乘务员的配置、使用及各项机车运用指标等因素，不断提高机车运用效率和机车乘务员劳动生产率。

铁路局根据年度运输任务下达年度机车运用计划，按机务段承担的工作量，确定机务段年、季、月度机车运用计划。其应包括：客货机车日车公里、支配机车日车公里、技术速度、货运机车日产量、列车平均牵引总重、单机率、配属台数（含分工作种别的机车使用台数，厂、段修台数，备用和出租台数）、机车检修率、机车备用率、机车乘务员需要人数及补充计划等。

增加专用调车机车应由铁路局运输、机务、劳资等部门根据实际工作量联合查定，纳入年度机车使用计划。在年度计划以外增加专用调车机车，除按上述程序查定外，需报国铁集团备案。

铁路局机务处和调度所、机务段应有专人负责机车运用分析工作，制定日常、定期和专题分析制度，建立定期通报制度和评价考核体系，不断提高机车运用效率。

日常分析一般在交班会上进行，其内容应包括：安全正点情况，日（班）计划机车周转图兑现情况，机车供应情况，机车检修情况，分界口列车交接及机车运用情况，机车乘务员使用和超劳情况等。

定期分析是指对运输生产活动的阶段总结，查找出存在的规律性问题，以便改进和提高工作。其内容应包括：安全生产情况，机车质量及机车供应情况，主要区段及分界口列车开行及机车供应情况，运输任务完成情况，日车公里、日产量（机车日产量和功率日产量）、列车平均总重、技术速度等机车指标完成情况，超、欠轴情况，列车等线情况，单机走行率情况，机车乘务员使用、超劳、出勤率情况等。

专题分析是针对运输生产中出现的特定情况进行的分析，分析内容根据实际需要确定。

5）机车整备

机务段应实行机车乘务与地勤分离管理模式，实现地勤检查、检测、整备、维修、保养、保洁一体化专业管理。

跨局机车交路实施前，由机车配属铁路局牵头组织相关单位签订协议，明确继乘交接、机车整备、维修等事项，制定相应的管理办法和安全措施，并严格执行国铁集团的相关规定。

机车入段整备周期必须严格按有关规定执行。机务段应对所有入段运用机车（包括外段、外局机车）按统一标准整备，完成机车出入段检查、整备、保养、保洁、临碎修等工作。

机车一次整备续行距离和周期要根据机车类型、担当任务类别、交路区段的线路条件及地域温差、车顶电气绝缘、滤网状态等因素，科学合理安排。机车整备除了补充油、水、砂外，还要按规定进行检查和测试。内燃机车根据可用燃油量确定；电力机车根据机车交路图定时间测算，一次整备续行周期不超过 48 h，但担当跨局交路的机车在换挂站或终到站应入段整备（交路距离较短或其他特殊情况，可由相关局协商确定是否入段整备）。

6）登乘机车管理

应严格控制非值乘人员登乘机车，因工作需要必须登乘机车时应按以下规定办理。

（1）机务段直接与行车有关人员、机车试运转有关人员，凭工作证可登乘本段机车。铁路局要制定相应的管理办法。

（2）国铁集团、铁路局行车安全监察人员，凭监察证登乘机车。

（3）因救援、抢险等需要，相关人员凭调度命令可登乘机车。

（4）检查工作的人员，凭登乘机车证登乘机车。

（5）运输、牵引供电、电务、工务、车辆、通信、公安等有关人员，凭登乘机车证和工作证，可登乘机车。登乘机车证由所属单位提出书面申请，由铁路局机务处负责审核填发。

（6）登乘机车证分为临时登乘机车证、定期登乘机车证。使用期限超过三个月（含三个月）时可填发定期登乘机车证。

机车登乘人数，不得超过 2 人，因特殊情况超过 2 人的需经乘务担当局机务处同意。登乘人员不得影响机车乘务员正常工作，不得在机车非操纵端（便乘机车乘务员除外）乘坐，不得擅自操作机车的开关、按钮及其他设备，更不得在运行中开关司机室门。

不符合登乘规定的人员，严禁登乘机车。机车乘务员对不符合规定的登乘人员劝阻无效时，有权不开车，报请车站（列车调度员）处理。

任务8.2 高速铁路动车组运用及检修管理

1. 动车组运用管理

动车组由国铁集团统一管理，统一调配，实行配属制度。所谓配属制度，就是国铁集团根据高铁运输生产任务的需要和运输条件等因素将动车组配属给各铁路局集团有限公司（简称铁路局）使用和保管的制度。

1）动车组运用特点

动车组运用与机车运用有所不同，其主要特点如下。

（1）动车组运用方式灵活多样。动车组运用方式主要有以下几种。

① 固定区段往复折返运用方式。这种运用方式的主要优点：有利于动车组管理，动车组在固定区段，往复折返运行数次后，返回固定地点检修，动车组运用组织比较简单。京津、沪宁、广珠等城际高铁，以及郑西、郑武、西太等高铁区段普遍采用此方式。其主要缺点是当运行区段较长或始发时间较晚，动车组当日不能返回本段（所）时，不仅影响动车组按时检修，而且第二天需使用另一列备用动车组。

② 固定区段连环套跑运用方式。这种运用方式的主要优点：一是动车组在固定区段连环套跑后，当日返回固定地点检修，动车组运用组织简单，便于管理；二是与固定区段往复折返方式相比，能增加动车组列车运行里程，提高动车组运用效率。其主要缺点与固定区段往复折返方式相似。距离500 km左右的相邻高速铁路区段，普遍采用连环套跑运用方式。

③ 不固定区段运用方式。采用不固定区段运用方式时，各动车组的运行区段不固定，可以在任何高速区段之间运行。

除此以外，动车组运用还有不固定区段往复折返和不固定区段连环套跑等多种方式。为了加速动车组周转，提高动车组运用效率，只要车型相同，折返（接续）时间符合要求，检修地点、检修时间不变，经各方协商同意，动车组可以在局管内、跨局、全路高速铁路范围内灵活使用。

（2）影响动车组运用的因素。影响动车组运用的因素较多，除受运用方式的影响外，还受到如下因素的影响和限制。

① 动车段（所）设置地点。合理布局检修动车组的段（所），可以减少动车组空车走行里程，减少出入段走行时间，加速动车组周转。

② 动车组配属数量。动车组配属数量包括运用数量、检修数量和备用数量。动车段（所）要合理安排动车组运用计划，既要保证动车组按修程、周期进行检修，又要保证完成列车运行计划规定的任务，并留有一定的备用。

③ 列车运行图规定的列车起讫点、时刻。列车运行图规定的列车起讫点、时刻一般情况下不能变动，为了提高动车组运用效率，需小幅度变动时，需与有关编图人员协商。

④ 动车组检修计划规定的检修地点、周期、作业时间标准和时间段。动车组检修计划规定的检修地点、周期、作业时间标准和时间段不能轻易变动。如需小范围调整动车组检修

计划规定的检修地点、周期、作业时间标准和时间段时，要与检修部门协调。

⑤ 动车组交路的约束。

a）交路段的约束。前一日交路段的终到站须与后一日交路段的始发站一致；最后一个交路段的终到站须与第一个交路段的始发站一致。

b）接续地点约束。同一交路中，前行列车的终到站须与接续列车的始发站一致，并保证接续时间。

c）折返时间约束。前行列车终到时间与折返列车的始发时间差，不得小于折返时间标准。

⑥ 维修天窗。夜间垂直矩形综合维修天窗中断动车组行车的时间长，对动车组运用的影响非常大。

（3）动车组运用效率。高速动车组列车不仅运行速度远高于机车牵引的普速列车，而且在运行途中不需要更换机车，停站次数少、停站时间短，这大大缩短了旅行时间，数倍提高了运用效率。

例如，原西安北至广州南的 G98/95 次列车，途中只停郑州、武汉、长沙南 3 站，共计停站10 min，旅行时间为 7 h 39 min。西安至广州的 K84/81 次列车，需更换机车 3 次，列车上水 5 次，停站 14 次，旅行时间为 27 h 25 min。途经西安的直达特快列车，旅行时间为 23 h 左右，由此可见，高速动车组列车比普速铁路旅客列车缩短旅行时间约 2/3。

2）动车组运用计划

动车组运用计划包括动车组运用交路计划和动车组车底分配计划两部分。动车组运用交路计划与列车运行计划（列车运行图）同时编制；动车组车底分配计划与动车组 1、2 级检修计划同时编制。

我国高铁营业线路较多，各局配属的动车组数量、车型和运用方式不完全相同，影响动车组运用的因素较多，人工编制列车运行图和动车组运用计划较困难，目前普遍采用计算机网络编制列车运行图和动车组运用计划，并以图表形式表示。

动车组运用计划图表的内容包括：动车组担当列车的车次、起讫站名、始发与终到时刻、立即折返时间、担当乘务的动车组车型、车组号码、检修或热备地点、走行里程、检修作业时间等。目前，各局担当动车组列车的线路较多，跨局运用的动车组情况越来越多，用一张图表难以表示全局动车组运用计划，为此，各铁路局普遍采用按线路编制动车组运用计划的方式。

3）动车组故障应急处理的方式

动车组列车运行途中发生故障时，根据不同故障情况，采取以下应急处理方式。

（1）维持运行。动车组运行途中发生故障时，一般采取复位、切除、回路旁通等方式，在保证安全，影响最小的前提下，维持动车组正常运行。

（2）限速运行。当动车组发生牵引丢失、制动切除、空气弹簧破损等故障时，应按相应设备故障限速的规定，报请列车调度员发布限速命令，准许动车组限速运行至终点站后，再根据实际情况进入车站修理或换车。

（3）临时停车。当动车组发生轴温报警、走行部异常、受电弓异常等故障时，需采取临时停车措施，报告列车调度员并收到列车调度员发布的“本线封锁、邻线限速”命令后，随车机械师下车检查故障部位，如正常或处理后能够运行时，报告列车调度员，待列车调度

员发布恢复正常运行或限速运行的命令后，恢复运行（加强监控）。

（4）换车或换乘。动车组发生故障影响后续交路时，可采取换车措施。例如，2019 年 4 月 5 日，G1040 次列车 15:19 晚点 12 min 到达 A 站，图定 19:30 折返开行 G1051 次。列车出发前，因制动试验多次未通过，调度所决定启用站内热备动车组，组织旅客换乘，以减少故障对列车运行的影响。

（5）救援。动车组发生故障无法继续运行时，须及时申请救援，以尽可能减少不利影响。例如 2019 年 9 月 14 日，××城际铁路 D337 次列车在运行至 A—B 站间区间时，因主断不闭合等故障，降速运行至 B 站经小复位、大复位处理，司机报告故障无法修复，请求救援。因 B 站上、下行分别只有 1 条到发线，且图定停站列车较多，不具备换乘条件，列车调度员一方面命令司机降速至 200 km/h 继续运行至 C 站 5 道停车，另一方面启用热备动车组，开行 D7 次到 C 站 3 道，更换 D337 次并组织旅客在同一站台换乘。

2. 动车组检修管理

1）动车组检修修程和周期

动车组检修修程分为 1、2、3、4、5 级。1、2 级为运用检修修程，以维护保养为主，在动车运用所内进行；3、4、5 级为高级检修修程，在具备相应车型检修资质的检修单位（动车段或基地）进行。

（1）1 级维修以检查为主，包括制动、走行、受电弓在内的全面检查，还包括厕所排污，清扫保洁等，主要在夜间库停期间完成。

（2）2 级维修是鉴于动车组各零部件检修周期或寿命不同而提出的专项维修。它是一个大的维修工作包，其中包括许多小的维修工作包，每个小工作包的检修周期、内容各不相同。

（3）3 级维修主要是转向架分解检修，对制动、牵引、空调等系统进行状态检查和功能测试。

（4）4 级维修主要是针对动车组各系统的分解检修，对电机、电器进行性能测试及更换，并进行车内设备的检修等。

（5）5 级维修是对全车进行分解检修，在较大范围内更新零部件，根据需要对动车组进行现代化升级和改造，主要包括动车组全面分解、清洗、检查、修复、更换、车体重新刷油漆等。

2）动车组检修机构的设置及其承担的作业

动车组检修机构主要有动车组运用所和动车段。动车组运用所（简称动车所）主要承担派驻动车组的整列运用、客运整备及存放作业，负责 1、2 级检修作业，根据需要完成部分临修作业。库内一级检修的作业时间一般不少于 5 h，二级检修的作业时间一般不少于 48 h。

动车段主要承担配属动车组的整列运用、客运整备及存放作业，负责 3、4 级定期检修及临修作业。

动车段（所）设置数量应适当，布局应合理。如段（所）数量过少、距离过远，动车组不能及时按修程检修，无法保证动车组按计划有效利用，或因动车组检修回送增加空车走行里程，降低动车组运用效率。设置数量过多，又将增加工程投资和运营成本。因此，动车段（所）应设在始发终到客流量大、开行动车组列车数量多的地区。

目前已建成北京、上海、武汉、广州、沈阳、成都和西安7个动车组检修基地。已经建成的动车段（所）有北京、北京西、北京南、沈阳、沈阳北、长春、哈尔滨西、大连、石家庄、郑州、郑州东、武汉、汉口、西安北、济南西、青岛、上海南、虹桥、南翔、南京、南京南、杭州、南昌、南昌西、福州、福州南、广州、广州南、深圳北、长沙、三亚、成都东、太原、合肥、天津、南宁、西宁、乌鲁木齐等动车段（所）。

下篇

牵引供电

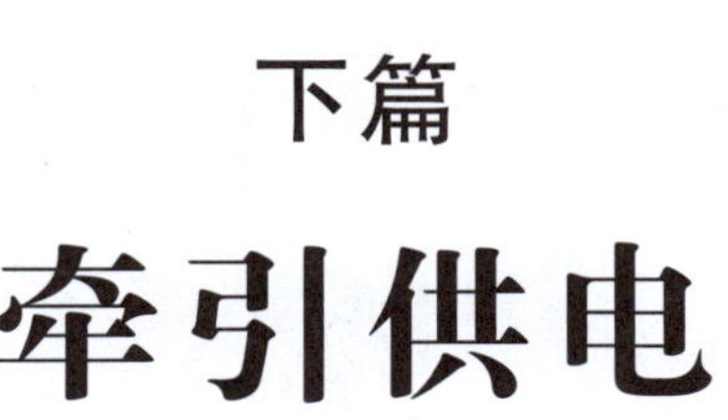

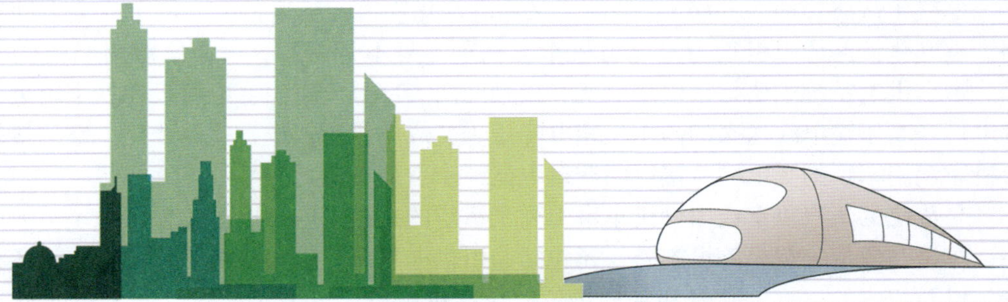

项目 9　牵引供电系统

电气化铁路

牵引供电系统电流制

牵引供电系统组成

掌握电气化铁路基础知识

熟悉牵引供电系统电流制

掌握牵引供电系统组成

任务 9.1　电气化铁路概述

电气化铁路（electrified railway），又称电气化铁道，是运行电力机车或电力动车组的铁路。电气化铁路的牵引动力是电力机车，机车本身不带能源，所需能源由牵引供电系统提供。牵引供电系统主要指牵引变电所和接触网两大部分。牵引变电所设在铁道附近，它将从发电厂经高压输电线送来的高压三相电降压、变成单相后，送到铁路线路上空的接触网。电力机车利用车顶的受电弓从接触网获得电能，牵引列车运行。

与传统的蒸汽机车或内燃机车牵引列车运行的铁路不同，电气化铁路除了一般的铁道线路、车站、通信、信号等设施外，还包括牵引供电系统、电力机车、机务设施、各种电力装置，以及相应的运行、维修和管理单位，包括供电段、电力机务段、电力调度及其主管部门等。

1. 电气化铁路的发展历程

1）电气化铁路的发展概况

1879 年，在柏林的世博会上，西门子和哈尔斯克制作展出了约 550 m 的电气化铁路，它有 3 节敞开式“客车车厢”，每节“车厢”可乘坐 6 人，最高时速为 13 km，这是人类第一次采用电力来牵引列车。

1881 年 5 月，德国在柏林近郊的里希特菲尔德修建的一条长 2.45 km 的电气化铁路投入运行，这是世界上第一条商业运行的电气化铁路，开启了铁路电力牵引的新时代。20 世纪初期，电气化铁路在世界各地得到迅速发展，其中经历了六七十年代间以苏联、日本、西欧各国为代表的第一次高潮，八九十年代间以中国、印度、南非、巴西等为代表的第二次高潮。早在 2000 年年底，世界电气化铁路总里程就已达 26 万 km，占当时世界铁路总营业里程的 23%，承担世界铁路总运量的 50% 以上。欧洲等发达国家的铁路电气化率约在 50%，承担的运量比重在 80%以上。也就是说仅占世界铁路总营业里程不到四分之一的电气化铁路承担着世界铁路总运量一半以上的运输任务。

2）我国电气化铁路的发展概况

我国第一条电气化铁路——宝成铁路（宝鸡—凤州），全长 91 km，1958 年开工，于 1961 年 8 月 15 日建成通车。这条电气化铁路最初是按 3 kV 直流制设计的，经过专家们反复论证对比，于 1957 年 4 月决定改用 25 kV 工频单相交流制，为我国电气化铁路的发展打下了良好的技术基础。后经过多年的艰苦奋战，在 1975 年 7 月 1 日，全长 669 km 的宝成电气化铁路全线建成通车。

1973 年 9 月阳安线、1975 年 9 月襄渝线（襄樊—安康）、1978 年 3 月石太线（石家庄—阳泉）、1979 年 10 月宝兰线（宝鸡—天水）相继动工修建，到 1980 年年底，共建成电气化铁路 1 679.6 km，发展速度十分缓慢。电气化线路主要局限在隧道多、坡度大的山区铁路中。

改革开放后，电气化铁路开始从山区向平原，由标准低的边远地区铁道向主要长大干线、重载、高速发展。1985 年一年内就有京秦线、成渝线（内江—重庆）、贵昆线（贵阳南—水城西）和太焦线（长治北—月山）4 条电气化铁路共计 1 169.23 km 交付运营。20 世纪 90 年代有 10 条线共计 2 795.76 km 电气化铁路建成交付运营，到 2005 年年底，我国电气化铁路已达 20 132 km，电气化率为 27%，承担的运量比重近 50%，到 2012 年 12 月 1 日哈大高铁正式开通为止，我国电气化铁路总里程突破 5.1 万 km，超越了原电气化铁路世界第一的俄罗斯，跃升为世界第一位。截至 2014 年年底，全国铁路营业里程突破 11.2 万 km，其中电气化率近 60%。

3）高速电气化铁路的发展概况

高速电气化铁路是指通过改造原有线路（直线化、轨距标准化），使营运速度达到每小时 200 km 以上，或者专门修建新的“高速新线”，使营运速度达到 250 km/h 以上的铁路系统。

世界第一条高速电气化铁路——日本东海道新干线（东京—新大阪）于 1964 年 10 月建成通车，最高时速 210 km，开创了高速铁路的先河。1983 年 9 月，法国东南高速线（巴黎—里昂）建成通车，掀起了世界高速铁路建设的高潮。此后，德国、西班牙等国家也开始大力发展高速铁路。

2008 年 8 月 1 日京津城际高速铁路开通运营，为我国高速铁路的发展开了先河，此后我国开始大规模的高速客运专线的建设，2009 年 4 月 1 日合武高速电气化铁路开通运营，2009 年 12 月 26 日武广高速电气化铁路开通运营，2010 年 2 月 6 日郑西高速电气化铁路开通运营，等等。经过多年的高速铁路建设和对既有铁路的高速化改造，中国目前已经拥有全世界最大规模及最高运营速度的高速铁路网。

2. 了解电气化铁路的优越性和存在的问题

1）电气化铁路的优越性

（1）能多拉快跑，提高运输能力。由于电力机车自身不带动力装置，可降低机车自重，这样在每根轴轴重相同的条件下，其轴功率较大，在相同的牵引重量时，其速度较高；而在相同速度下，其牵引力较大。因而电力机车能多拉快跑，提高牵引吨数，缩短区间运行时间，从而可以大幅度提高运输能力。

（2）能综合利用资源，降低燃料消耗。电力牵引是从电力系统取得电能，电力系统可综合利用水力、风力、煤炭（包括劣质煤）、重油、天然气、原子能等各种能源发电，因此它可以综合利用各种能源，达到经济合理地使用国家能源的目的，牵引动力类型的选择与能源利用的关系见表 9-1。

表 9-1　牵引动力类型的选择与能源利用的关系

机车类型	蒸汽机车	内燃机车	电力机车	
使用原料	优质煤	柴油	水力	火力
总功效	6%	25%	25%	60%

（3）能降低运输成本，提高劳动生产率。电力机车构造简单，牵引电动机和电气设备工作稳定可靠，因而机车检修周期长，维修量少，可以减少维修费用和维修人员，这样就降低了运输成本，提高了劳动生产率。

（4）能改善劳动条件，不污染环境。蒸汽机车、内燃机车运行时，都排出对人身体有害的物质，这些危害在山区、多隧道的铁路上更加明显。由于电力机车没有煤烟，噪声较小，特别在通过长大隧道时，其优点更为显著，这不仅使机车乘务员不受有害气体侵害，同时对铁路沿线城市、农村的污染也减到最低程度。

2）电气化铁路存在的问题

（1）会对供电的电力系统造成负序电流和高次谐波含量增大、功率因数降低等不良影响。

（2）会对沿电气化铁路架设的通信线路造成干扰。

（3）基建投资比蒸汽牵引和内燃牵引线路大。

（4）接触网需要停电检修，要求在列车运行图中留有一定的“天窗”时间，在此时间内列车要停止运行。

任务 9.2　牵引供电系统电流制及组成

1. 识别电气化铁路的供电制式

早期电气化铁路主要采用直流 750 V、1.5 kV 供电制式，20 世纪 30 年代后开始采用直流 3 kV 供电制式，目前世界电气化铁路主要采用 3 种供电制，即直流制、低频单相交流制和工频单相交流制。

1）1.5kV、3kV 直流制

直流制是将电力系统的三相交流电经降压、整流成直流电，通过牵引网供给电力机车使用。直流制是世界上早期电气化铁路普遍采用的方式，到目前为止，在英、法、日等国直流制仍然大量存在。

直流制的电力机车多采用机械性能好、调速方便的直流串励电动机牵引，显然，利用直流电向直流电机供电可以极大地简化机车设备。但是由于电力机车电压受直流牵引电动机换向条件的限制，接触网电压较低，为保证电力机车足够的功率，接触网上的电流就比较大。所以直流制的接触网导线截面大，耗费有色金属量较大。另外，为了保持接触网的电压水平，牵引变电所的距离要缩短，一般只有10~30km，变电所数量相应增加，并且为完成整流任务而变得较复杂。

2）15kV、16.67Hz 低频单相交流制

这种电流制在电力机车上降压，使用单相整流子牵引电动机。

低频单相交流制与直流制相比，牵引网电压提高，牵引网电流较小，导线截面减小，牵引变电所的设置间距可相应提高到50~70km。低频制需要低频电源，所以低频制电气化铁路必须建设专用低频发电厂，设备比直流制复杂。单相整流子牵引电动机也不如直流牵引电动机构造简单和容易维护。

3）25kV 工频单相交流制

25kV 工频单相交流制是电气化铁路发展中的一项先进供电制，由于其优越性比较明显，很快在各国被采用，目前已占到电气化铁路的40%以上。我国电气化铁路建设一开始就采用了此种电流制，从而为后来的电气化铁路的发展打下了良好的基础。

工频单相交流制的主要优点如下。

（1）牵引供电系统结构简单。牵引变电所从电力系统获得电能并经过电压变换后，直接供给牵引网，不需要在变电所设置整流和变频设备，变电所结构大为简化。

（2）牵引供电电压增高。既可保证大功率机车的供电，提高机车的牵引定数和运行速度，又可使变电所之间的距离延长，导线截面减小，建设投资和运营费用显著降低。

（3）交流电力机车的黏着性能和牵引性能良好。通过机车上变压器的调压，牵引电动机可以在全并联状态下工作，牵引电动机并联运转可以防止轮对空转的恶性发展，从而提高了轮轨运转黏着系数。

（4）和直流制比较，交流制的地中电流对地下金属的腐蚀作用小，一般可不设专门的防护装置。

工频单相交流制存在的主要缺点如下。

（1）单相牵引负荷将会在电力系统中形成负序电流，当电力系统容量较小时，负序电流的影响尤为突出。

（2）电力牵引负荷是感性负荷，功率因数低，特别是采用相控整流后，牵引电流变为非正弦波，出现较大的谐波电流，将使功率因数更低。

（3）牵引网中的单相工频电流将对沿线通信线路造成较大的电磁干扰。

（4）为了克服上述缺点，电气化铁路的投资也相应增加。

2. 牵引供电系统在运营中与车务部门之间的配合

铁路运输高度集中，各个部门工作环节必须紧密联系和协调动作。电气化铁路牵引供电系统的运行与铁路车、机、工、电、辆等多个部门和系统都有着密切的关系，与铁路附近的

厂矿企业、学校、城乡居民区的活动也有一定的联系，牵引供电系统与相关各部门和系统的关系如图 9-1 所示。

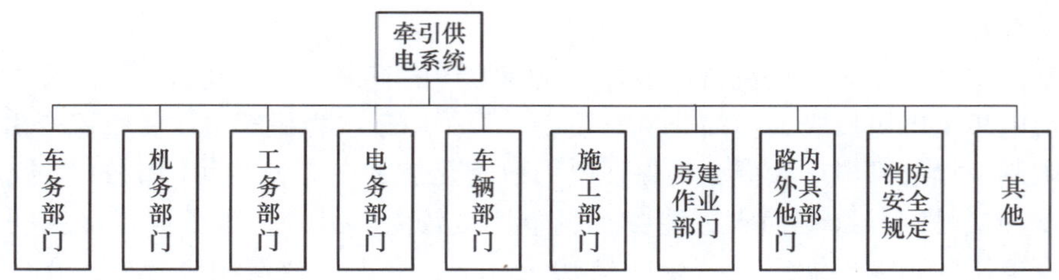

图 9-1　牵引供电系统与相关各部门和系统的关系

本书主要介绍牵引供电系统与车务部门之间的配合。

车务部门即运输部门，其主要工作是组织行车，做好运输工作和相关作业，如调车编组、货物装卸等。

电气化区段的行车调度部门，应认真组织行车调度工作，严格按图运行，保证图定的接触网检修“天窗”的兑现，接触网工区应充分利用天窗停电时间，搞好检修作业；并做到按时送电，保证列车运行图按计划实现。

当区间或站内（包括电力机车整备线、装卸货物线、专用线等）接触网停电接地时，不得向该区间或站内接发电力机车及其牵引的列车；司机如发现不符合此规定时，要立即停车和降下受电弓，否则将危及人身及设备安全。接触网工区在区间或站内停电作业时，应严格按照安全规程的要求做好临时接地线。

在接触网有电的情况下，在区段站和枢纽进行调车时，禁止调车人员登上棚车（在区间和中间站禁止登上敞车和棚车）行走或使用手制动。敞车、平板车上使用手制动时，不准踏在高于手制动机踏板台的车帮上或货物上，以防触电。

在带电的接触网下，不准在敞车、平车、罐车等车辆（棚车、保温车、家畜车内除外）上进行装卸作业，不准进行用竹竿等物件测量货物装载高度等靠近接触网的作业。装卸货物线均设有分段绝缘器和隔离开关，并设有安全作业标志。装卸作业应由经过供电段考试合格后发给操作证的货运值班人员进行。作业前断开隔离开关，并确认接地刀闸接地状态良好；作业结束后，值班人员确认所有人员已离开危险区域，方准合上隔离开关送电。隔离开关平时要经常处于合闸位置，否则分段绝缘器因长时间承受高电压会加速老化，并且在气象条件恶劣（如雨雾、风雪等）和环境污染严重（如装卸石灰、水泥、煤等粉尘物）的情况下会发生闪络或击穿。接触网工区平时应按规定对分段绝缘器及隔离开关进行检查维护，以保证状态良好，确保装卸作业安全。同时，在巡视时应注意分段绝缘器的运行状态，发现无装卸作业时，应及时通知车站有关人员合闸送电（尤其是在气候恶劣的情况下）。一旦发生管内接触网跳闸，应了解并检查各车站分段绝缘器处的隔离开关是否送电。如果发生绝缘器闪络或击穿，通常可先合上隔离开关，使装卸线的接触网脱离接地，通知车站暂时停止使用后，即可通知供电调度送电，然后再安排停电时间进行处理，恢复正常后，方准车站进行使用和装卸作业。去货物线、专用线取送车辆时，分断绝缘器的隔离开关应处于合闸位置。《车站行车工作细则》（简称《站细》）应对以上要求做出相应规定。

在电气化区段内，禁止押运、随车装卸、通勤通学等人员坐在车顶上或装载的货物上。

列车驶近电气化区段前，运转车长应做好宣传，要进行彻底检查，并将上述人员安置于棚车及安全的车辆里。商检人员应检查货物装载状态，要设法排除超出限界的树枝、棒竿等物件，紧固飘动的篷布，收紧绳索，不要留过长的绳头，关闭油槽车顶上盖等，必要时复测货物装载高度，使之符合规定，接触网工区应做好宣传和配合工作。此外，利用轨道车作为交通工具的接触网工区，在检修作业或事故抢修时，以及轨道车进出停车岔线和车站时，都要按规定向车站值班员办理行车手续，避免发生行车事故。

3. 牵引供电系统的组成

牵引供电系统主要由牵引变电所和牵引网两部分组成。其主要作用是从电力系统取得电能，并送给沿铁路线运行的电力机车。工频单相交流牵引供电系统示意图如图 9-2 所示，城市轨道交通牵引供电系统示意图如图 9-3 所示。

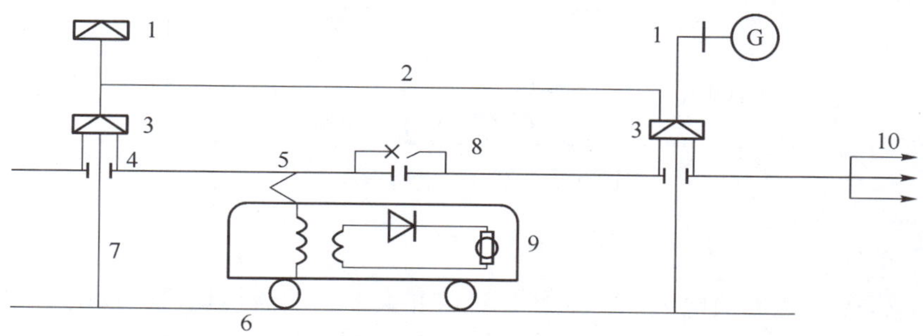

图 9-2　工频单相交流牵引供电系统示意图

1—区域变电所或发电厂；2—高压输电线；3—变电所；4—馈电线；5—接触网；6—钢轨；7—回流线；8—分区亭；9—电力机车；10—开闭所

1）一次供电网络

电力系统的区域变电所或发电厂和高压输电线是国家电力系统的组成部分，通常称为电气化铁路的一次供电系统，相对牵引供电系统而言，也称为外部供电系统，电压等级为 110 kV 或 220 kV。电力系统和牵引供电系统以牵引变电所进线门形架（见图 9-4）为分界点。

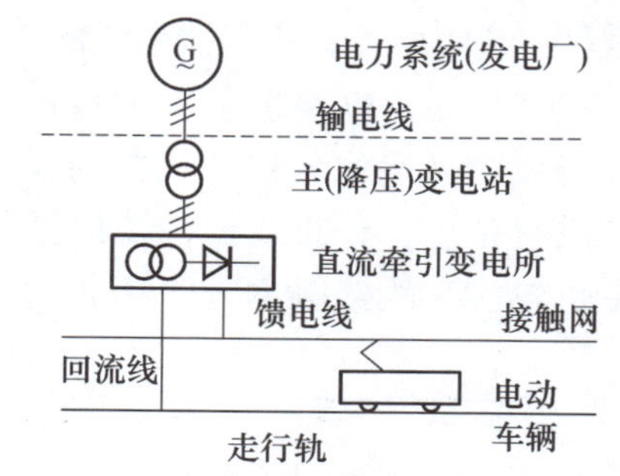

图 9-3　城市轨道交通牵引供电系统示意图

图 9-4　牵引变电所进线门形架

2）牵引变电所

牵引变电所的作用是降压，并将三相电源转换成两个单相电源，然后通过馈电线分别供电给牵引变电所两侧的接触网。此外，有少数牵引变电所还需负担地区的10kV动力负荷。所以，牵引变电所是接受与分配电能并改变电能电压的枢纽，是发电厂到电力机车之间的重要环节之一。牵引变电所的主要设备是牵引变压器，原边通常为110kV（或220kV），副边为27.5kV；AT供电方式副边电压为55kV或2×27.5kV。牵引变电所示意图如图9-5所示。

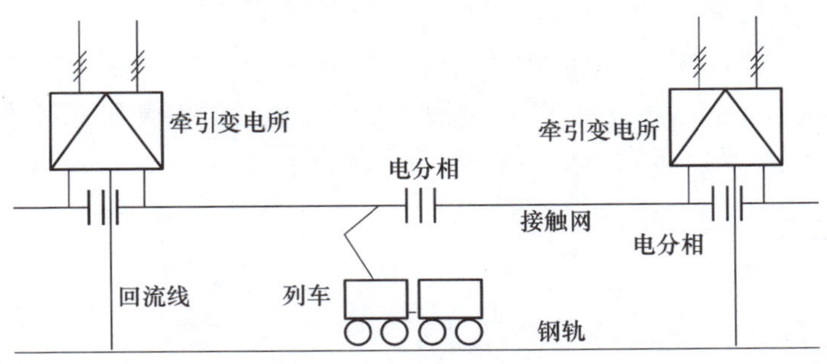

图9-5　牵引变电所示意图

3）牵引网

最简单的牵引网是由馈电线、接触网、轨道和大地、回流线构成的供电网的总称。牵引电流从牵引变电所主变压器流出，经由馈电线、接触网供给电力机车，然后沿轨道和大地、回流线流回牵引变电所主变压器。

（1）馈电线是连接牵引变电所母线和接触网的架空钢芯铝绞线或馈线电缆（27.5kV高压单芯交联聚乙烯XLPE电缆）。馈电线除直接送电给接触网外，还要送电给附近的车站、机务折返段、开闭所等，所以馈电线的数目较多，距离也可能较长。

（2）接触网是沿铁路线上空架设的向电力机车供电的特殊形式的输电线路，由接触悬挂、支持装置、定位装置、支柱与基础几部分组成，是牵引网的主体。由于接触网露天设置，没有备用，分布线长，结构复杂，运行条件又差，所以不仅日常维修工作量大，短路故障也较多，故接触网与牵引供电的可靠性关系极大。接触网结构示意图如图9-6所示。

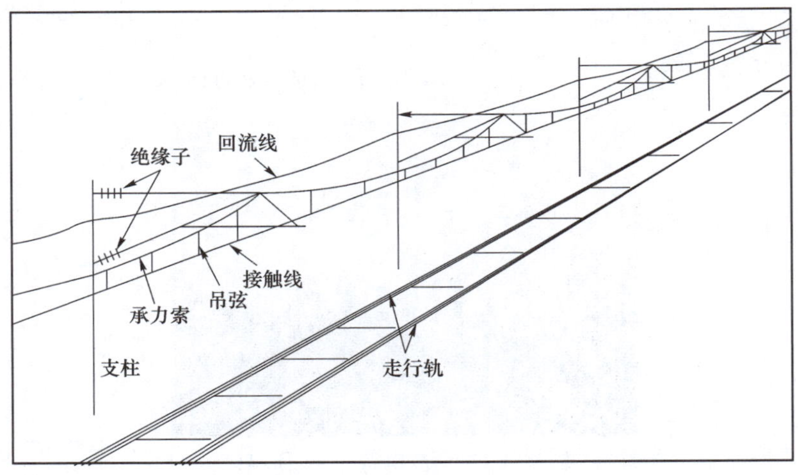

图9-6　接触网结构示意图

（3）钢轨和回流线把电力机车的负荷电流回送到牵引变电所。由于钢轨对地并非完全绝缘，所以部分电流沿大地流回到牵引变电所，形成地中电流。

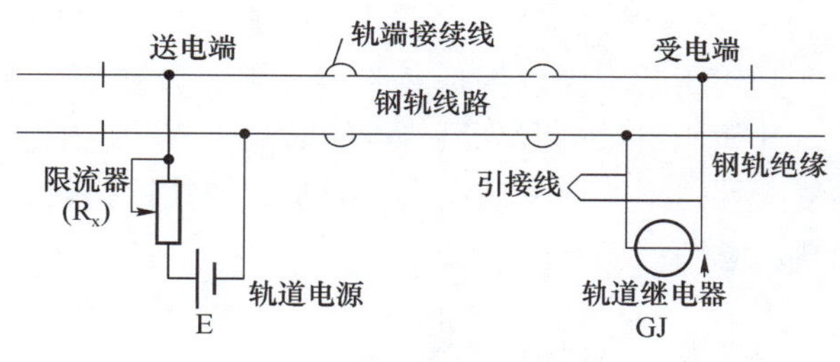

图 9-7　轨道电路示意图

轨道电路（track circuit）是利用轨道作为区间信号自动控制的电路。轨道电路示意图如图 9-7 所示。在电气化铁路区段，牵引回流与轨道电路共用一个通道，为了防止不同电路间的相互干扰，在电气化区段上应对信号轨道电路进行以下特殊安排。

① 采用不同电流制或不同电流频率。对于直流电气化铁路，信号轨道电路可采用交流电源；在工频交流电气化区段则采用 25 Hz 或不同于工频的其他电流频率电源。

② 在相邻两信号闭塞分区的绝缘轨缝处设信号扼流变压器。牵引回流通过扼流变压器及中点连线可在钢轨中顺利流通。由于牵引回流在扼流圈上、下两部分产生的磁势是互相抵消的。因此钢轨中的牵引回流不会影响信号轨道电路的正常工作。

③ 牵引回流的引出线，包括将钢轨牵引回流引回牵引变电所的吸流线，以及传统线路提速改造前 BT 方式下钢轨与回流线间的吸上线等，必须在信号扼流变压器中点连接。

4）分区所

分区所位于两相邻变电所的中部，出口附近接触网设有电分相。在正常供电情况下，分区所用于实现上、下行接触网并联运行；在越区供电情况下，用于实现其左右供电臂的串联运行。分区所增加供电的灵活性、可靠性，缩小事故的范围。分区所位置示意图如图 9-8 所示，电气化铁路箱式分区所如图 9-9 所示。

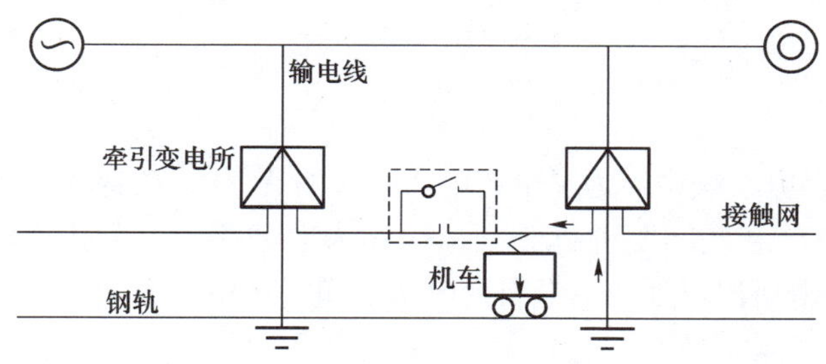

图 9-8　分区所位置示意图

图 9-9　电气化铁路箱式分区所

5）开闭所

开闭所的主要设备是断路器，主要设在电气化铁路的编组站、客运站、机车整备线等处。开闭所将供电臂分段，事故时缩小事故范围，提高供电的可靠性、灵活性；减少变电所的复杂性；不改变电压大小，只扩大馈线回路数，相当于配电所。变电所、分区所、开闭所位置示意图如图 9-10 所示。

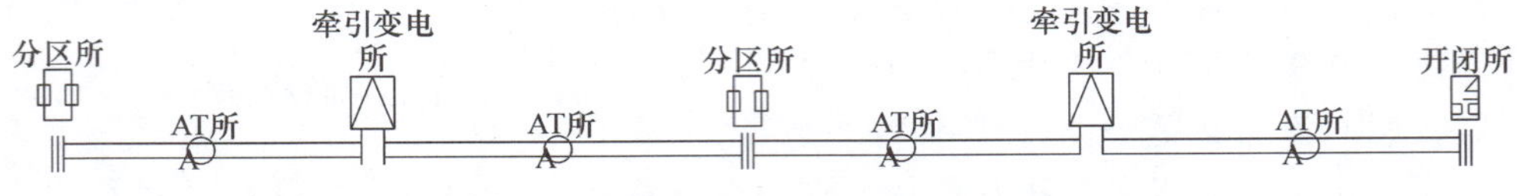

图 9-10　变电所、分区所、开闭所位置示意图

6）分段绝缘器

分段绝缘器又称分区绝缘器，是接触网电气分段的常用设备。分段绝缘器如图 9-11 所示。它安装在各车站装卸线、机车整备线、电力机车库线、专用线等处。在正常情况下，机车受电弓带电滑行通过。

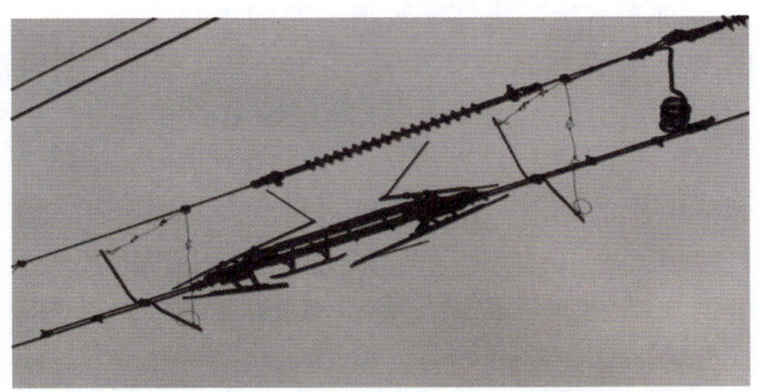

图 9-11　分段绝缘器

7）分相绝缘器

在单相交流牵引供电系统中，为了平衡电力系统的 A、B、C 各相负荷，一般要实行 A、B 相轮流供电。所以 A、B 相之间要进行分开，这称为电分相。电分相通常由分相绝缘器（见图 9-12）实现。在变电所出口处及两牵引变电所之间（供电臂末端）必须设电分相装置。

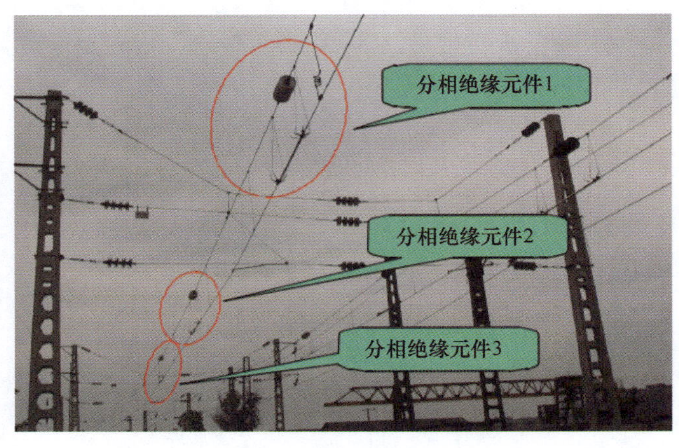

图 9-12　分相绝缘器

项目 10　牵引变电所

牵引变电所设备

牵引变电所工作制度

熟悉牵引变电所设备

了解牵引变电所工作制度

任务 10.1 牵引变电所设备

1. 牵引变电所的任务

牵引变电所是外部电源（电力系统）与牵引网之间的桥梁，其沿电气化铁路分布。每个牵引变电所负责两侧牵引网的供电，其左右两侧牵引网称为供电分区或供电臂，一个供电臂的长度在直接供电方式下，一般为 20km 左右；在 AT 供电方式下，可达 50~60km。

牵引变电所的主要任务是降压分相，即将外部电源引入的 110kV/220kV/330kV 三相工频交流电变换为适合电气化铁路牵引供电系统的 27.5kV 的单相工频交流电，然后向电气化铁路沿线的牵引网供电。

此外，当牵引变电所与变配电系统的变电所合建时，其还承担着向铁路变配电系统提供 10kV 电源的任务；在电气化铁路沿线公共电力系统没有覆盖的地区，承担向地方 10kV 电力用户供电的任务。

2. 牵引变电所的主要设备

牵引变电所的一次设备主要有变压器、互感器、开关电器、防雷与接地装置、补偿装置、母线、电缆、绝缘子等，一次设备通常为单体式结构；二次设备主要有各类仪表、继电器、控制开关、信号器具、操作电源、控制电缆等，它们根据功能组成各种二次屏柜。

1）变压器

变压器是牵引变电所的核心设备，是利用电磁感应原理进行电压变换的一种静止电气设备，用来实现电压等级的变换。变压器内部铁芯上绕有一次、二次绕组，当一次绕组上加交变电压时，一次绕组中流过的交变电流在铁芯中就产生交变磁通，由于变压器二次绕组与一次绕组匝数不同，从而在一次、二次侧绕组中分别产生不同幅值的感应电动势，变压器通过磁势平衡作用实现了一、二次侧绕组的能量传递。

（1）用途。

变压器将某一电压等级的电能转换为相同频率的另一电压等级的电能，实现电能传输，具有变压、变流和改变阻抗的作用。

（2）分类。

牵引变电所内的变压器，根据用途不同，分为主变压器（牵引变压器）、动力变压器、自耦变压器（AT）、所用变压器。

变压器根据绝缘形式可分为油浸变压器和干式变压器。牵引变压器通常为油浸变压器，所用变压器和动力变压器可以采用油浸式或干式变压器，变压器外形如图 10-1 所示。

(a)户外油浸牵引变压器

(b)户内干式所用变压器

图 10-1 变压器外形

2）互感器

互感器是一种特殊变压器，包括电流互感器和电压互感器，可按比例变换电流和电压。其功能是将一次设备的大电流、高电压变换成标准的小电流、低电压，实现与二次设备的连接，供二次系统的测量仪表、保护装置、自动装置使用。

（1）用途。

① 互感器将电压、电流变换为规定范围内的标准值。电流互感器二次侧电流为 5 A、1 A；电压互感器二次侧电压为 100 V、$(100/\sqrt{3})$ V。

② 互感器与测量仪表配合，测量一次系统的电压、电流、电能；与保护装置和自动装置配合，监视一次系统的各种电气设备故障，提供保护和自动控制。

③ 互感器能实现一次系统与二次系统的电气隔离，保证人身、设备安全。

（2）分类。

根据绝缘介质不同，互感器分为干式、环氧树脂浇注式、油浸式和 SF_6 气体式。牵引变电所电源侧常用油浸式电流、电压互感器，牵引侧常用环氧树脂浇注式电流、电压互感器。

图 10-2 为电流互感器外形，图 10-3 为电压互感器外形。

(a)高压室内环氧树脂浇注式

(b)户外油浸式

图 10-2　电流互感器外形

(a)高压室内环氧树脂浇注式

(b)户外油浸式

图 10-3　电压互感器外形

3）开关电器

开关电器用来实现一次电路的开断与关合。

（1）电弧现象与开关电器。

在开关电器断开有载电路的瞬时，只要电路中存在不小于 80~100 mA 的电流，开关的触头间电压大于 10~20 V，断口间就会产生强烈的弧光，即产生电弧。电弧的实质是一种气体自持放电现象。

电弧的存在对开关电器及电力系统具有相当严重的危害。一是延长了开关电器断开故障电路的时间，加重了电力系统短路故障的危害。二是电弧产生的高温，将使开关电器的触头表面熔化和蒸化，烧坏绝缘材料；对于充油的电气设备，还可能引起火灾、爆炸等危险事故。三是电弧在一定条件下形成过电压造成设备绝缘损坏。四是由于电弧在电动力、热力作用下能移动，很容易造成飞弧短路和伤人现象，或引起事故的扩大。因此，在电力系统中需要尽快熄灭电弧。

根据开关电器的灭弧性能及自身的结构特点，开关电器分为断路器、隔离开关、熔断器、负荷开关等。电气化铁路牵引供电系统常用断路器+隔离开关组合，10 kV 变配电系统通常采用负荷开关+熔断器组合。

（2）断路器。

断路器又称高压开关，是指额定电压在 1kV 以上，主要用于开断和关合导电回路的开关电器。断路器是功能最完善的开关，结构上具有完善的灭弧装置，是接通和断开导电回路、切除和隔离故障的重要控制设备。

断路器的分、合闸通过操动机构控制，操动机构独立于断路器本体，用来驱使断路器进行分、合闸，并使其合闸后维持在合闸位置。

① 用途。一是控制作用；二是保护作用。当系统正常运行时，根据运行需要，将一部分供电设备或线路投入或退出运行。在供电设备或线路发生故障时，通过与继电保护装置配合，将故障部分从系统中迅速切除，保证供电系统无故障部分的正常运行；当故障消除时，与自动装置配合，完成自动重合闸等任务，提高供电的可靠性。

② 分类。根据断路器中灭弧介质和绝缘介质的不同，断路器有 SF_6 断路器、真空断路器、油断路器、压缩空气断路器等类型。SF_6 断路器是指采用 SF_6 气体作为绝缘介质和灭弧介质的断路器，真空断路器是指触头在真空中开断的断路器，油断路器是指采用绝缘油作为灭弧介质和绝缘介质的断路器。其中牵引变电所电源侧常使用瓷柱式 SF_6 断路器，配弹簧操动结构；牵引侧馈线断路器常采用真空断路器，主要配弹簧操动机构或电磁操动机构。图 10-4 为断路器外形。

(a)户外SF_6断路器

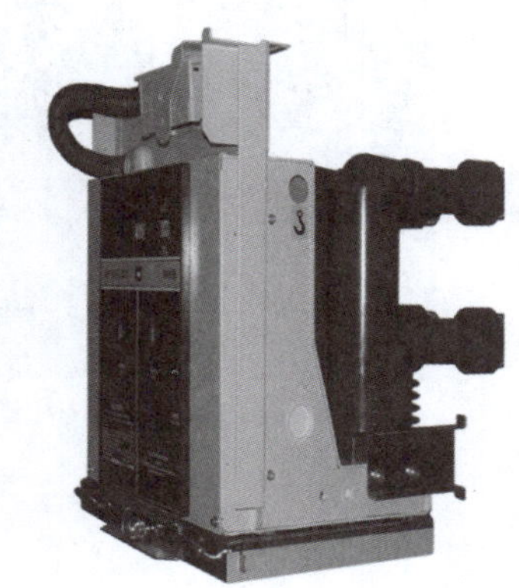

(b)高压室内真空断路器

图 10-4　断路器外形

（3）隔离开关。

隔离开关是高压电路中使用最广泛的一种电器，在电路中起隔离作用。其结构上没有灭弧装置，只能在没有负荷电流的情况下分合电路。隔离开关在分闸时具有明显的断口，合闸时能可靠地通过正常工作负荷电流。

隔离开关的分、合闸通过操动机构控制，一般配有电动操动机构或手动操动机构。

① 用途。

a）隔离电源。利用隔离开关的明显断点，使需要检修或分段的线路与带电线路可靠隔离。

b）与断路器配合进行倒闸操作。

c）通断小电流电路。小电流电路包括电压互感器、避雷器及系统无接地故障时的变压器接地中性点电路；激磁电流≤2A 的空载变压器电路；电容电流≤5A 的空载线路电路；

母线或直接接在母线上的电气设备的电容电路。

② 分类。

隔离开关根据安装地点分为户外式和户内式两种；根据断口形式有水平断口和垂直断口两种。图 10-5 为隔离开关外形。

(a)户外式

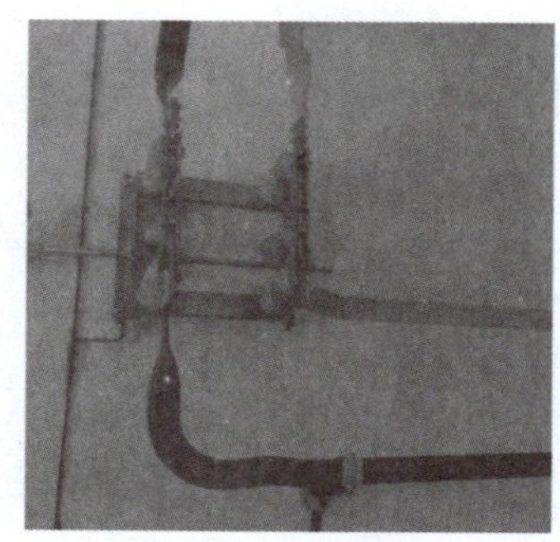
(b)户内式

图 10-5 隔离开关外形

③ 结构。

a）户外式。

如图 10-6 所示，GW4-110D 隔离开关为户外双柱式、水平旋转隔离开关，由底座、棒式绝缘瓷柱和导电部分组成。每极有两个瓷柱，分装在底座两端的轴承座上，并用交叉连杆 10 相连，可以转动；导电刀闸分成相等的两段，分别固定在棒式绝缘瓷柱 5、12 的顶端；触头由柱形触头、触子、触头座、弹簧组成，其上装有防护罩，用于防雨、冰雪及尘土；隔离开关的分、合操作，由主刀闸转动轴 8 通过交叉连杆 10 带动两侧棒式绝缘瓷柱 5、12 沿相反方向各自回转 90°，使刀闸在水平面上转动，从而实现分、合闸。在底座上可以装设一把接地刀闸，当主刀闸分开后，利用接地刀闸将待检修设备或线路接地，以保证安全。为防止误操作，在主刀闸和接地刀闸之间加操作闭锁。

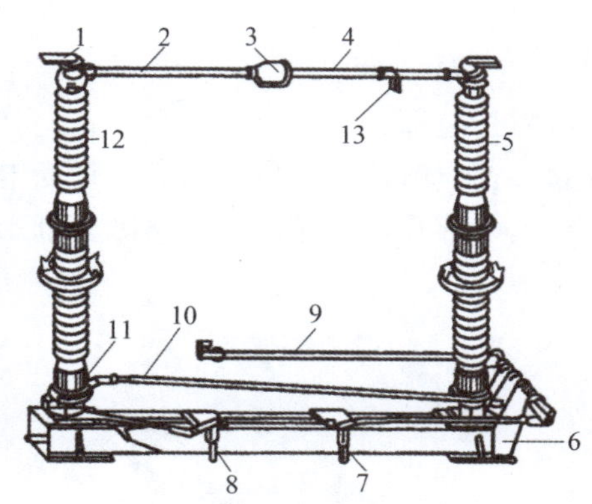

1—接线座；2，4—刀闸；3—主触头；5，12—棒式绝缘瓷柱；6—底座；
7—接地刀闸转动轴；8—主刀闸转动轴；9—接地刀闸；10—交叉连杆；11—轴承；13—接地刀闸触头。

图 10-6 GW4-110D 隔离开关外形及结构示意图

b）户内式。

如图 10-7 所示，GN2-35T 隔离开关由底架、支柱绝缘子、导电部分（静触头、刀闸）

及操作绝缘子组成，手动操动机构带动转轴转动，通过拐臂使操作绝缘子支起或下落，刀闸垂直旋转完成分、合闸。

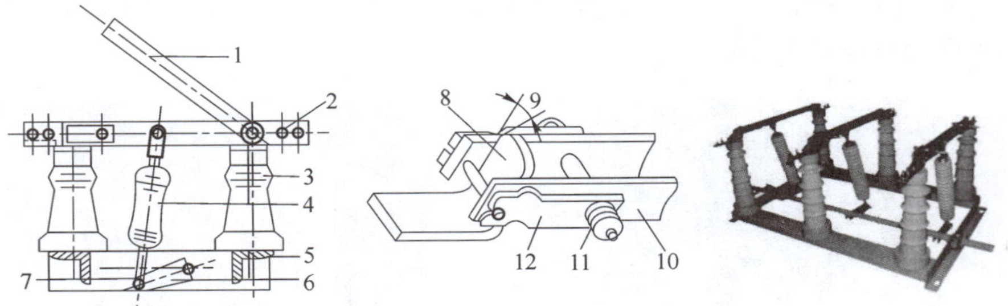

1—动刀片；2—接线端子；3—支柱绝缘子；4—操作绝缘子；5—底架；6—拐臂；7—主轴；8—静触头；9—导向角；10—刀闸（动触头）；11—弹簧；12—磁锁板。

图 10-7　GN2-35T 隔离开关结构

④ 操动机构。

牵引变电所的隔离开关通常配电动操动机构或手动操动机构，如图 10-8 所示。

(a)电动操动机构

(b)手动操动机构

图 10-8　隔离开关操动机构外形

（4）熔断器。

熔断器是一种保护电器，一般具有灭弧装置。当系统或电气设备发生短路故障或过负荷时，故障电流或过负荷电流使熔体发热熔断，切断电源，起保护作用；电路断开后，熔断器必须人工更换部件后才能再次使用。高压熔断器外形如图 10-9 所示。

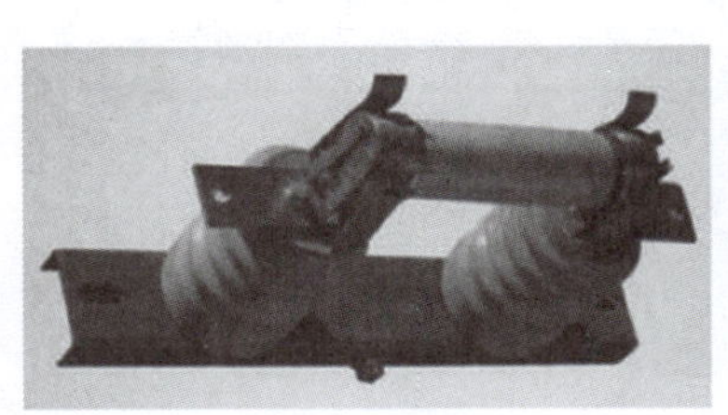

(a)户内式

(b)户外跌落式

图 10-9　高压熔断器外形

① 用途。

一是起保护作用。熔断器与被保护电气设备串联，可保护功率较小和对保护性能要求不高的电气设备。二是起开关作用。熔断器熔体熔断时电路断开，起到了开关作用。

② 分类。

熔断器按是否具有灭弧介质分为限流型、不限流型两种。高压熔断器通常为限流型，其特点是外壳内装有灭弧介质或熔断时可产生灭弧介质，具备灭弧功能。

在牵引变电所中，熔断器主要作为电压互感器、所用变电器及补偿装置中电容器组的保护电器。

（5）负荷开关。

负荷开关是一种功能介于断路器和隔离开关之间的开关电器，结构上有简单的灭弧装置，在分断时具有明显的断开间隙。它只能切合正常工作电流，不能切断短路电流，因此负荷开关常与高压熔断器配合使用，由高压熔断器来切断短路电流。高压负荷开关外形如图 10-10所示。

① 用途。

一是起隔离电源作用，利用负荷开关分断时的明显断点，使需要检修或分段的线路与带电线路可靠隔离。二是起开关作用，能通断额定负荷电流和一定的过负荷电流。

② 分类。

按灭弧方式可分为油浸负荷开关、磁吹负荷开关、压气式负荷开关、产气式负荷开关、真空负荷开关、SF_6 负荷开关。

(a)压气式

(b)真空式(带熔断器)

图 10-10　高压负荷开关外形

4）防雷与接地装置

防雷装置又称过电压限制设备，如避雷针、避雷线、避雷器，可限制大气过电压和操作过电压。

接地装置是由接地体和接地线组成的。电力系统、电气设备、过电压保护装置通过接地装置将接地电流泄入大地。

牵引变电所安装有避雷针、避雷器、抗雷线圈、接地放电保护装置等过电压限制设备，它们与接地装置连接，实现牵引变电所的防雷、防过电压保护。

5）补偿装置

补偿装置是牵引变电所用来补偿系统的无功功率、提高功率因数、抑制谐波的设备，主要有电容器、电抗器、补偿机等。

（1）电容器。

① 作用。

电容器是无功补偿装置的主要设备，由于牵引网阻抗的性质，牵引变电所在牵引侧母线处功率因数较低，通过并联电容器组，可以补偿感性负载，提高功率因数。

② 分类。

电容器有分体式电容器组、集中式电容器组之分，电容器组外形如图 10-11 所示。

(a)分体式

(b)集中式

图 10-11　电容器组外形

（2）电抗器。

① 作用。

牵引变电所中电抗器一般与电容器组串联，当电容器组投入时可限制合闸涌流，切除时可防止断路器触头间电弧重燃；同时防止补偿装置与电网发生高次谐波并联谐振，抑制和吸收高次谐波。

② 分类。

电抗器有油浸式电抗器和干式空芯电抗器两类，电抗器外形如图 10-12 所示。

(a)油浸式

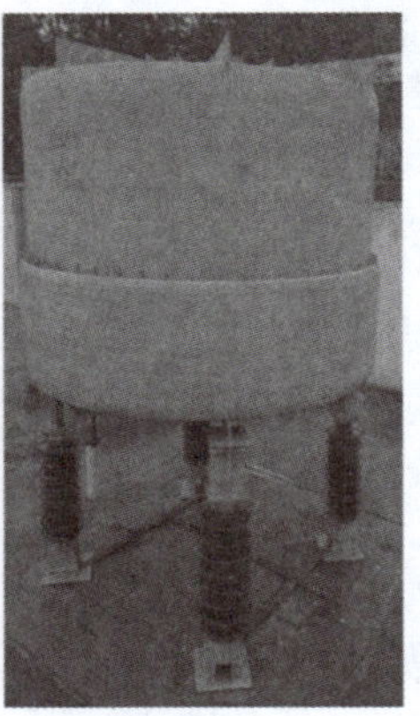

(b)干式空芯

图 10-12　电抗器外形

6）连接导线

牵引变电所的连接设备主要有母线和电力电缆。

7）二次屏柜

（1）二次系统。在牵引变电所中，为了满足运行维护人员对一次设备进行监控的要求，将各类仪表、继电器、控制开关、信号器具、操作电源、控制电缆等二次设备按照一定顺序相互连接构成二次电路或二次系统。二次系统的基本任务是反映一次设备的工作状况，控制一次设备。当一次设备发生故障时，能将故障部分迅速退出工作，以保持电力系统处于最佳运行状态。当事故或不正常运行状态消失后，能恢复系统正常运行。

二次系统按工作性质分为监视、测量回路，控制回路，信号回路，继电保护与自动装置，调节回路，自动和远动装置及操作电源系统等几个部分。

（2）牵引变电所综合自动化系统。

牵引变电所的二次设备，用多台微机和大规模集成电路组成自动化系统代替常规的测量监视仪表和控制屏以及中央信号系统和远动屏，用微机保护代替常规继电保护，构成牵引变电所综合自动化系统，它是自动化技术、计算机技术、通信技术在牵引变电所的综合应用。

在具有综合自动化功能的牵引变电所，二次屏柜主要包括：主变测控保护盘、馈线测控保护盘、计量盘、交流盘、直流充电盘、蓄电池盘、直流馈电盘、视频监控盘、无功补偿装置保护测控盘等，如图 10-13 所示。

(a)主变测控保护盘

(b)馈线测控保护盘

(c)计量盘

(d)交流盘

图 10-13　具有综合自动化系统的牵引变电所二次屏柜

(e)直流充电盘

(f)蓄电池盘

(g)直流馈电盘

(h)视频监控盘

(i)无功补偿装置保护测控盘

图 10-13 具有综合自动化系统的牵引变电所二次屏柜（续）

任务 10.2 牵引变电所工作制度

1. 牵引变电所的值班作业

1）值班作业模式

牵引变电所的值班作业模式分为：有人值班、无人值班有人值守（简称有人值守）、无人值班无人值守（简称无人值守）三种模式。

（1）有人值班。牵引变电所实行 24 小时昼夜值班制。每班设置一名值班员、一名助理值班员共同完成当值任务。值班员应由安全等级不低于三级的变电值班员担当；助理值班员应由安全等级不低于二级的变电值班员担当。当值期间，值班人员应按规定着装上岗，佩戴

岗位标志牌，携带安全合格证，认真履行岗位职责；退出当值时要按时与接班人员认真做好交接班工作。

（2）有人值守。牵引变电所实行 24 小时昼夜值守制。每班设置一名值守员、一名备守员。正常情况下，备守员可不在牵引变电所内备守，但需随叫随到。值守员安全等级不低于三级；备守员安全等级不低于二级。当非专业人员担任备守员时，需经过上岗培训考试并定期进行适应性培训。

（3）无人值守。在牵引变电所不设置值班、值守人员。在供电调度中心建立监控中心，对各牵引变电所进行远程监控和操作。同时，在每个变配电工区设置不少于 3 人的专职人员组成巡检组，负责管辖区内无人值守牵引变电所的巡视检查和维护工作。

2）值班作业内容

牵引变电所的当值值班作业包括值班、巡视、倒闸、办理作业命令、填写报表记录和故障应急处理等。

（1）值班。

任务：监视设备运行状态，进行抄表、监盘、核算电能等作业，如图 10-14 所示；完成相关记录填写。

图 10-14 牵引变电所值班

（2）巡视。

任务：对变配电设备进行巡视检查，掌握设备现状，如图 10-15 所示；完成相关记录填写。

（3）倒闸。

任务：接受供电调度员命令，进行运行方式的改变，如图 10-16 所示；填写相关记录。

（4）办理作业命令。

任务：办理相关作业票及有关准许及结束作业的手续；做好作业地点的安全措施；参加有关作业的验收工作；完成相关记录的填写。

（5）故障应急处理。

任务：及时发现和准确、迅速处理各类故障，并将处理情况报告供电调度员及有关部门，如图 10-17 所示；完成相关记录填写。

图 10-15　牵引变电所巡视

图 10-16　牵引变电所倒闸

图 10-17　牵引变电所故障应急处理

2. 值班人员岗位职责

1）值班员的职责

（1）值班员在当值期间是牵引变电所安全运行的责任人、工作负责人，接受当班供电调度员指挥。

（2）负责本班次值班和交接班，研究当天工作，布置对异常设备采取的措施，申请停电检修计划；负责填写各种记录，整理有关资料、图纸；负责进行监护、巡视、监盘、测试工作，监视重点设备运行状况，计算日负荷和供电月报。

（3）负责与供电调度员的业务联系，远动操作时负责确认设备状态，当地操作时负责监护助理值班员、备守员执行操作，及时发现和迅速处理事故、故障和缺陷，并将处理情况报告供电调度员及供电段有关部门。

（4）审查和办理工作票，根据需要，派符合规定的值班人员参加检修和监护。

（5）验收检修后的设备质量。

（6）交班时介绍本班运行情况，接班时与交班人员共同巡视、检查未完工作和未恢复的安全措施是否与工作票相同，若相同批准接班。

（7）保持所内设备和环境清洁卫生，禁止无关人员进入控制室和设备区。

2）助理值班员的职责

在值班员领导和监护下，助理值班员进行以下工作：

（1）当地操作时负责执行倒闸操作，远动操作时负责协助值班员确认设备状态并根据需要参加各种检修作业，在检修作业中服从作业组领导人的指挥。

（2）参加交接班巡视及班中巡视，监视重点设备运行状况。

（3）处理各种事故缺陷。

（4）办理检修作业安全措施。

（5）按时抄表并协助值班员填写各种报表记录。

（6）管理好各种工具、备品、钥匙。

（7）搞好班中室内外设备和环境卫生。

3）值守员的职责

（1）掌握设备运行状态，监视设备运行。

（2）供电调度员进行远动操作时对设备的动作情况进行确认，并与供电调度员进行呼唤应答。

（3）设备出现故障时，在供电调度员的指挥下根据应急预案进行事故抢修，确保及时恢复供电。

（4）出现远动不能遥控、设备检修、故障处理等情况需要在现场倒闸操作时，在供电调度员的指挥下进行操作。仅有一人值守时，允许在控制室内保护盘或后台上进行倒闸操作，不得一人进入高压设备分间，不得一人在户外对室外设备进行倒闸操作。

（5）进行日常和特殊情况下的设备巡视，在设备出现异常时及时向供电调度员和生产调度员报告。

（6）能熟练进行交流回路、蓄电池充电回路的投入和切除，能正确地进行试验和解除音响信号。

（7）按规定正确填写报表记录，管理好工具、备品、钥匙。

（8）在交接班时，交接班人员一起认真检查设备状态是否正常、工具备品是否齐全及环境是否干净整洁，并办理签认手续后方可交接班。

（9）维护所内治安，禁止闲杂人员进入变电所（亭），外来人员进入变电所（亭）要按规定办理进入手续。

4）备守员的职责

（1）听候值守员通知，前往所在牵引变电所进行应急操作。

（2）当地操作时在值守员监护下，执行各项倒闸作业，并根据需要参加各种检修作业，在作业中听从作业组领导人指挥。

（3）当值期间，不准远离变电所（亭），随叫随到；有事离开变电所（亭）时，应向供电调度员和供电车间同时请假。

（4）确保能随时接听电话，能随叫随到。

项目 11　接 触 网

知 识 点

接触网主要设备

接触网供电方式

技能目标

熟悉接触网主要设备

能识别接触网供电方式

任务 11.1 接触网主要设备

1. 接触网设备概述

接触网是沿铁路线上空架设的向电力机车供电的特殊形式的输电线路。接触网由接触悬挂、支持装置、定位装置、支柱与基础等部分组成。接触网的组成如图 11-1 所示。

1） 接触悬挂

接触悬挂包括接触线、吊弦、承力索、补偿器及其连接零件。接触悬挂通过支持装置架设在支柱上，其作用是将从牵引变电所获得的电能输送给电力机车。电力机车运行时，受电弓顶部的滑板紧贴接触线摩擦滑行得到电能，简称“取流”。

2） 支持装置

支持装置是接触网中的支持接触悬挂，并将其机械负荷传给支柱的部件。

3） 定位装置

定位装置包括定位管、定位器、定位线夹及其连接零件。其作用是固定接触线的横向位置，使接触线水平定位在受电弓滑板运行轨迹范围内，保证接触线与受电弓不脱离，使受电弓磨耗均匀，同时将接触线的水平负荷传给支柱。

4） 支柱与基础

支柱与基础用以承受接触悬挂、支持和定位装置的全部负荷，并将接触悬挂固定在规定的位置和高度上。我国接触网中主要采用预应力钢筋混凝土支柱和钢柱。钢筋混凝土支柱从

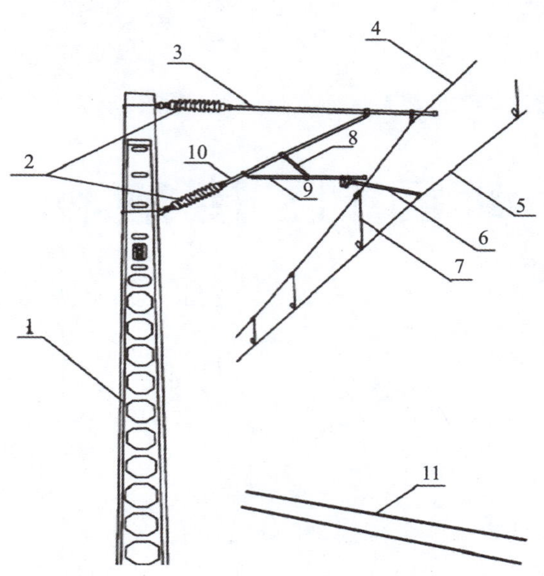

1—支柱；2—棒式绝缘子；3—直腕臂；4—承力索；5—接触线；6—定位器；7—吊弦；
8—定位管支撑；9—定位管；10—斜腕臂；11—钢轨。

图 11-1　接触网的组成

外观形态上可分为矩形横腹杆式、等径圆支柱式两种。基础用来承载支柱负荷，即将支柱固定在钢筋混凝土制成的基础上，由基础承受支柱传来的全部负荷，并保证支柱的稳定性。预应力钢筋混凝土支柱可不设单独的基础，直接埋入地下，起到基础的作用。

2. 接触网主要设备

1）接触线

接触线是接触网中直接和受电弓滑板摩擦接触取流的部分，电力机车从接触线上取得电能。接触线的材质、工艺及性能对接触网起着重要作用。接触线应具有较小的电阻率、较大的导电能力；有良好的抗磨损性能，具有较长的使用寿命；有高强度的机械性能和较强的抗张力性能。

接触线制成上部带沟槽的圆柱状，沟槽是为了便于安装固定接触线的线夹，同时又不影响受电弓取流。接触线底面与受电弓接触的部分呈圆弧状。

接触线按照材质分为铜接触线、钢铝接触线和铜合金接触线。

铜合金接触线以其抗拉强度高、耐高温性能好的优势逐渐被人们所认可，目前已成为我国繁忙干线或提速干线接触线的主流产品。

2）承力索

承力索的作用是通过吊弦将接触线悬挂起来。承力索须能承受较大的张力并具有抗腐蚀能力，在温度变化时弛度变化较小。承力索根据材质一般可分为铜承力索、钢承力索、铝包钢承力索 3 类多种规格。按照设计时承力索是否可通过牵引电流，可以将承力索分为载流承力索和非载流承力索。

3）绝缘子

绝缘子是接触网带电体与支柱设备或其他接地体保持电气绝缘的重要部件。接触网用的绝缘子多为悬式绝缘子、棒式绝缘子、针式绝缘子。

（1）悬式绝缘子。

悬式绝缘子使用最广泛，用量最多。悬式绝缘子主要用于承受张力的场合，如用于线索下锚、水平拉杆、软横跨绳索、隧道内悬挂、锚段关节，以及馈电线、并联线等处的对地绝缘。悬式绝缘子如图 11-2 所示。

（2）棒式绝缘子。

在需要承受压力、张力和弯矩的场合宜使用棒式绝缘子，电气化铁路接触网使用棒式绝缘子主要用于斜腕臂、压管、平腕臂及隧道定位和隧道悬挂等场合。棒式绝缘子如图 11-3 所示。

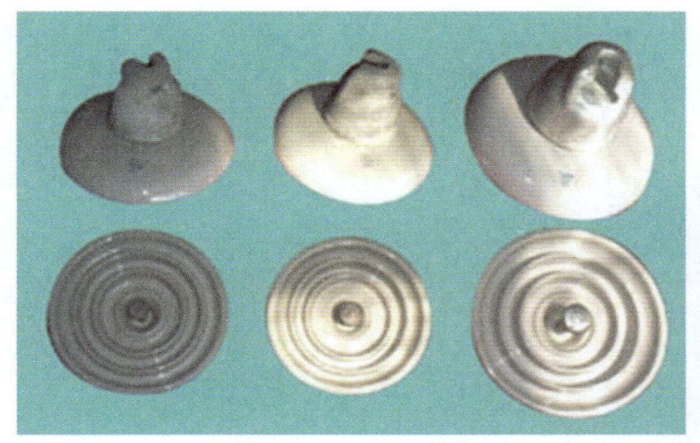

图 11-2　悬式绝缘子

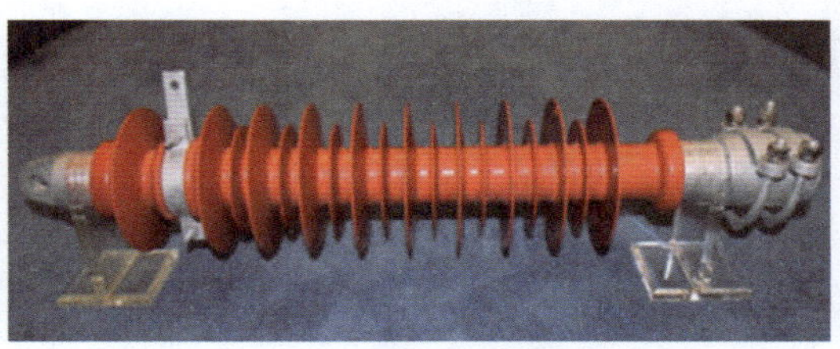

图 11-3　棒式绝缘子

绝缘子按安装方式分为悬挂、定位和腕臂支撑式 3 种。隧道用悬挂、定位式绝缘子，区间、站场用腕臂支撑式绝缘子。

绝缘子按使用环境又分为普通型绝缘子和防污型绝缘子 2 种。

（3）针式绝缘子。

针式绝缘子多用于回流线、保护线及跳线等处，它承受线索不同方向的负荷，将线索固定，并对地起电气绝缘作用。针式绝缘子如图 11-4 所示。

图 11-4　针式绝缘子

任务 11.2 接触网供电方式

接触网供电方式是指牵引变电所向接触网供电的方式，按供电分区运行状态分单线区段和复线区段两种情况。

1. 单线区段

（1）单边供电。如图 11-5 所示，各供电所相互独立，机车只从相关的某个牵引变电所取电。但为了在必要时实行越区供电，在接触网分界点设有柱上隔离开关，按照惯例，此两段接触网供同相电。

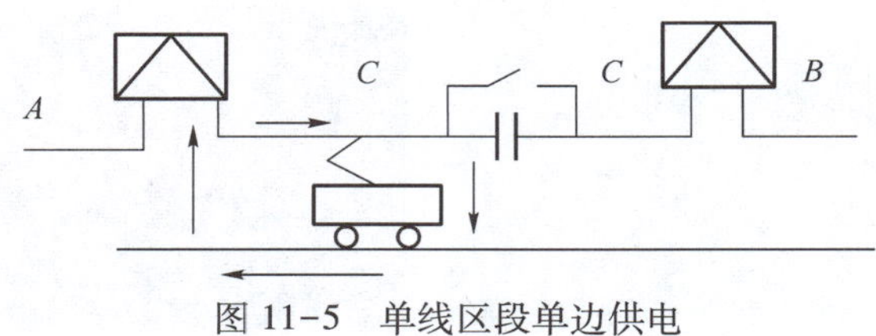

图 11-5　单线区段单边供电

单线区段单边供电方式是每个供电臂独立供电，变电所的倒闸操作及馈线保护都比较简单，故目前普遍采用。

（2）双边供电。如图 11-6 所示，机车由相邻的两个变电所供电，是由与分相绝缘器并联的断路器合闸而实现的。

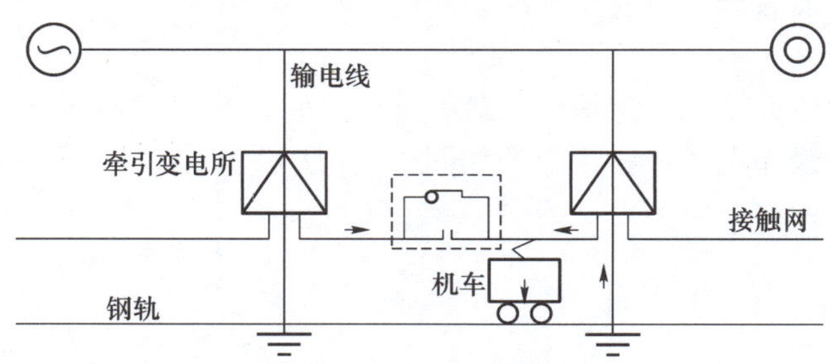

图 11-6　单线区段双边供电

双边供电时，电力机车从两个牵引变电所取流，所以每条馈电线的电流相对减小，从而可以减小牵引网中的电压损失和电能损失，有利于改善供电臂的电压水平，降低铁路的运营成本，而且牵引变压器和接触网悬挂的负荷较均匀。同时由于电力机车两边的供电电流方向相反，故可以减小对通信线路的电磁感应干扰。双边供电的主要缺点是增设了分区亭中的一、二次设备，运营维护也需投入更多的人力、物力。同时，当两牵引变电所的电压有差异时，还可能出现不平衡电流，从而产生附加的电能损失。

2. 复线区段

由于复线双边供电分区亭设备复杂，对接触网短路故障的保护十分困难，故目前我国只采用复线单边供电。

（1）复线单边末端并联供电。由于复线区段牵引变电所同一侧的上、下行接触网均供同相电，以图 11-7 所示的相序为例，可在接触网供电分段的末端用分区亭中的断路器连接起来，形成单边末端并联供电。

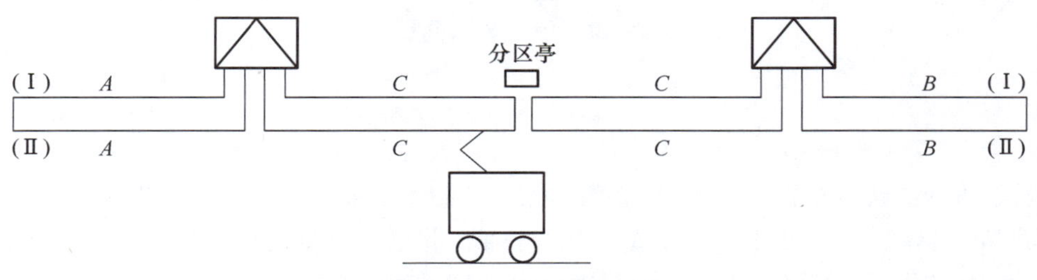

图 11-7　复线区段单边供电

复线单边末端并联供电时，电力机车由上、下行接触网两线路并联供电，使分配到每条接触网中的电流减小，从而使接触网中的电压损失和电能损失显著减小，故目前普遍采用此种方式。

如图 11-8 所示，复线单边末端并联供电的缺点是分区亭设备复杂，如果再考虑相邻变电所发生故障时进行越区供电等情况，分区亭需设 4 台断路器，除两台作末端并联用外，另外两台将相邻变电所两供电臂接触网相连，这就增加了运营维修的工作量，故在实际运行中往往不投入断路器，形成单边分开供电。

（2）复线单边全并联供电。复线单边全并联供电是近年来采用的一项新技术。复线单边全并联供电是在每个车站利用柱上负荷开关将上、下行接触网并联，形成如图 11-9 所示的并联网络。并联负荷开关可以自动投切，也可以经设于车站的远动终端 RTU 由电力调度控制。

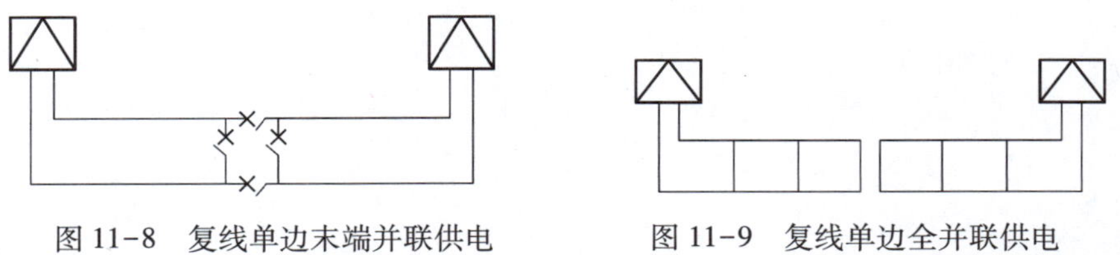

图 11-8　复线单边末端并联供电　　图 11-9　复线单边全并联供电

复线单边全并联供电方式比复线单边末端并联供电方式更能有效地减小接触网阻抗，降低接触网电压损失和电能损失；另外又能对接触网的短路故障进行有效的保护，即当接触网发生短路故障时，牵引变电所两馈线断路器自动跳闸，接触网瞬时失电，负荷开关随即自动断开，上、下行接触网分开，此时，通过变电所的故障判断装置确定其故障线路，而非故障线路即刻自动重合送电。如果是瞬消性故障，两条线路分别送电成功后，负荷开关自动重合，又恢复到全并联供电方式。

参考文献

[1] 李纯，张文. 铁道车辆机械装置. 2 版. 北京：北京交通大学出版社，2021.

[2] 潘京涛，赵威，张万成. 电力机车运用与操纵. 北京：北京交通大学出版社，2020.

[3] 王勋. 电气化铁道概论. 北京：中国铁道出版社，2009.